诗化易经

陳永正題

[美] 曹树堃 著

SPM 南方传媒 广东人民出版社
·广州·

图书在版编目（CIP）数据

诗化《易经》/（美）曹树堃著．—广州：广东人民出版社，2024.1

ISBN 978-7-218-17248-4

Ⅰ.①诗…　Ⅱ.①曹…　Ⅲ.①《周易》—研究　Ⅳ.①B221.5

中国国家版本馆CIP数据核字（2023）第251962号

SHIHUA《YIJING》

诗化《易经》

［美］曹树堃　著

出 版 人：肖风华

策划编辑：汪　泉
责任编辑：姜懂懂
封面题签：陈永正
插图作者：黄家庆　陈万祥
责任技编：吴彦斌

出版发行：广东人民出版社
地　　址：广州市越秀区大沙头四马路10号（邮政编码：510199）
电　　话：（020）85716809（总编室）
传　　真：（020）83289585
网　　址：http://www.gdpph.com
印　　刷：广东鹏腾宇文化创新有限公司
开　　本：890 mm × 1240 mm　1/32
印　　张：10　　**字　　数**：240千
版　　次：2024年1月第1版
印　　次：2024年1月第1次印刷
定　　价：50.00元

如发现印装质量问题，影响阅读，请与出版社（020-85716849）联系调换。
售书热线：020-87716172

内容简介

作者曹树堃，美籍华人，既是当代享誉国际的大师级制琴家，也是在国学研究上颇有建树的文化名人和多产诗人。本书是在他出版《诗化老子〈道德经〉》后又一诗化中华经典的力作。

作者在这本著作中运用大量自己创作的五言及七言旧体诗，诠释被誉为“世界最早智慧宝典”的《易经》。以百姓喜闻乐见的诗歌化译中华经典，是鲜有人涉足的大胆尝试。作者本着“大道至简”的精神，将《周易》原文以及《易传》的象辞、彖辞，演绎成诗，再从义理和象数、命理入手，深入浅出地诠释每一卦、每一爻的含义。诗句力求浅白、通俗、押韵，琅琅上口，易诵易记。解释力求富于趣味，有助于开发悟性。

对于初学《易经》者以及《易经》学者，此书既可作为“玩索而有得”的入门书，亦可作为参考工具书。

“诗化”不是以诗歌代替原著，而是尝试用一种全新的诠释方式，推广和普及这本旷世经典，让更多读者能轻松理解并吸收其精华。

目录

诗序

陈永正

大易如天吐纳深，
千秋真旨邈难寻。
闻弦自得传经意，
诗化微茫见道心。

《周易》博大精深，古今解者纷纭，而以诗体译述，则前所未有。本书深入浅出，可作初学者入门之用。

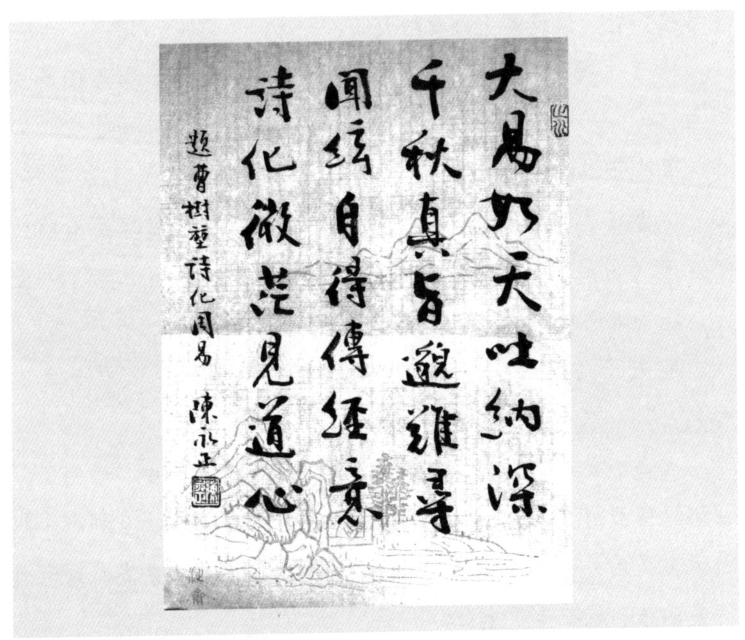

序　一

崔国建

经常遇到朋友问，《易经》是干什么的？为什么要学《易经》？学了《易经》有什么好处？

就我研读《易经》几十年的体会，认为《易经》是揭示宇宙规律的经典巨著，它大而无外，小而无内，无所不包，无所不及。因此，可以这么说，任何学科都能拿《易经》来解释。

《易经》既然是揭示宇宙规律的，那么它所言之处必是真理。这就是我们为什么要学《易经》的答案。追求真理而不学《易经》者，最终等于白费功夫。

学了《易经》，悟得其中真谛者，这辈子算是活得通透明白。

孔夫子说："朝闻道，夕死可矣。"

一辈子，哪怕是最后一天活明白了，这辈子就算是活明白了。学《易经》，就是让咱们活得明白。反过来说，活了一辈子，没一天明白的，这辈子是不是白活了？

孔夫子还说过一句话："百姓日用而不知，故君子之道鲜矣。"

《易经》就是这样，它存在于我们的日常生活中。举例说，阴阳这两股力量的互依、互存、互含、互转、互动、互利……阴的力量是由外而内地收敛，阳的力量是由内而外地散发。这两股力量的结合就产生了生命。

说到这儿，有悟道能力的朋友豁然开朗，这就是我们的呼吸。生命在于呼吸，而呼吸也是一种运动形态。自主呼吸、自然呼吸，即便是深夜沉眠，呼吸仍然不停不歇。

理解到这个程度的朋友，就不会再问“阴多一点好，还是阳多一点好”的肤浅问题了。

作为《易经》学者，我们一贯提倡《易经》生活化、通俗化、现代化、国际化。曹树堃先生精“易”求“经”，把《易经》每个卦、每个爻做了诗化的加工。这是一项了不起的巨大工程。首先，必须读懂《易经》，钻进去；第二，必须把其中的精华提炼出来，走出来；第三，进去出来之后，还得保持这个通道的畅通，也就是说，让初学者和深入研习者既能进得去，又能出得来。

曹树堃先生的《诗化〈易经〉》，对《易经》的通俗化、生活化、现代化、国际化，必然会起到非常大的推动作用。

2022年3月17日于洛杉矶

（作者系美西《易经》学会会长，曾任美国《侨报》主编及总主笔十四年）

序 二

林中明

树堃先生，敏于学，达于行。他已出版《诗化老子〈道德经〉》，为求“止于至善”，又复修订再版。在这个大工程之后，“欲穷千里目，更上一层楼”，又费了六年的工夫，把《易经》也加以“诗化”，希望把中华优良经典文化传播于大中华文化圈，再次发扬于21世纪，此举令人佩服。所以他找我再作序，我对《易经》和诗、译，虽然学养能力有限，也不能不荣幸地写几句话，表示敬意。“学而时习之，不亦说乎！”

《易经》原文本来就近于“诗体”，翻译成白话，不仅失去简朴的韵味，而且难以记忆。树堃先生本身是国际知名制琴师，又是诗人，他根据不同情况，遵循米勒法则对记忆数字的限制，或用七言，或用五言，不拘碍于脱离今近语音的韵谱，保持了帮助记忆的韵脚，用最少的字，达到最“易”了解、最“易”记忆的“诗译”。由于《易经》本源起于占卜，尔后，孔子和其他学者，又添加彖、象、系辞。所以树堃先生此书，在结构上，于《易经》正文和彖、象之外，有字义注释、义理注释和命理注释。大有《孙子兵法·谋攻篇》中所说“用兵之道，五则攻之”的谋攻布阵。

近六年，他同时勤读中华经典中的诸子百家，每日写数首诗作为读后感，以这样的“秣马厉兵”、全面备战，我认为他已经达到《孙子兵法·谋攻篇》“用兵之道，十则围之”的“大模样”。毛润之先生曾有名言曰：“世界上怕就怕‘认真’二字。”大概就是这个状况吧。

树堃先生写此书时，除了“正面进攻”有关《周易》的最佳学术论作之外，还在命理的释义上下了大功夫。他特地亲访中国和美国加州、纽约知名的通《易经》易理、卜卦的高人，谦虚地向他们请教卦象爻辞和在命理上的解释和应用实例，然后用最简易的白话，为每一卦写下平实而又有启发性的指引文字。此真所谓《易经·谦卦》中所云：“初六：谦谦，君子用涉大川，吉。”“六二：鸣谦，贞吉。”“九三：劳谦，君子有终，吉。”

《易经》的“易”字，学者说有七种意思。其中就功用而言，有“简易、变易、不易”三项。其中“简易、变易”两项，众所周知。但是“不易”一项，就牵涉宇宙论。这时，读者当参考《道德经》第十六章所说：“夫物芸芸，各复归其根。归根曰静，静曰复命。复命曰常，知常曰明。不知常，妄作凶。知常容，容乃公，公乃全，全乃天，天乃道，道乃久，没身不殆。”但是读《易经》的人，如果固守文字，不知变通，刻舟求剑，“旧经典”不能消化及转化为“活智慧”，可能反受其害。如何活用《易经》的道理，树堃先生本身是世界级的制琴大师和优秀企业家，人世变化起伏，所见多矣，所以此书有关命理部分，也有实战经验，不是一般学者，虽通文字义释，但对命理就缺乏“发言权”。这是此书特质之一。

此外，此书以“诗”明“易”，让“行有余力，则以学文”的理工商企业界读者，可以提升自己的文化素养。而社会科学人士，有志于诗者，则可以“文有余韵，则以凝诗”。读一书而能知命顺天，又能提高文化品位和写诗功力。一得三，避凶得吉，可说是自立自强又自明自适了。

至于如何"用《易》"，那就看读者所遇的"虎变""豹变""狸变"的程度和本身通悟《易》道的程度。树堃先生本身事业成功，制作的提琴音色优美，在欧美皆获金奖，就是实证。《易经》第一卦《乾卦》"用九，见群龙无首，吉"，曾被学者世人误解两千年，都误以"群龙无首"为不吉之辞。我先后于2002年在镇江《昭明文选》国际研讨会和2005年北京大学"北京论坛"发表论文，首度指出其为吉！而且尤其适用于21世纪，世界近二百国应当个个平等，互相尊重，取消寡头霸权，多极平衡，这才能避免恃强凌弱，恶性循环，甚至引发核战，地球毁灭。而这个说法，近20年来，已经成为中华哲学界和国际关系学者的主流思想与"口头禅"了！

综上所云，树堃先生此书的特色，可以说是"易读，易记，易用"。我也希望这本好书能够通过出版社和营销网让它能"易见、易销、易购、易传"，达到"七易"，呼应和媲美"易"字的"七义"。

2022年3月15日于美国旧金山湾区

（作者系北美牡丹诗会会长、山东孙子研究会特邀国际顾问）

序　三

他让《易经》易懂易记且易用

宇文大盛（永权）

古往今来，好《易经》者众，通《易经》者寡。之所以如此，就是因为《易经》的文字晦涩难懂，就连有相当学识者也望而却步。本人当年出席在人民大会堂召开的中国科协青年学术年会受到国家领导人接见时，宣读的就是《〈易经〉“变易速算”与光波计算机——一种全新的计算理论和计算工具》论文。多年前，我在“易理”的启发下，创立了曾为国家科技保密的“变易智算体系”，后来又在数学、汉语教学、基础教育等领域完成几十项创新成果。正是由于以上经历，当我在美国旧金山湾区遇到国际制琴大师曹树堃，并得知他将易理用于制琴，且将《易经》化译成诗时，一种相见恨晚的激动是用语言难以表达的。

在国际制琴业界，堪称大师的华人凤毛麟角。而知名度最高、影响力最大者，则非曹树堃先生莫属。但制琴大师未必会写诗，会写诗者未必懂《易经》，懂《易经》者未必能用通俗易懂、合辙押韵的诗歌将这被誉为“中华智慧宝典”而又晦涩难懂的“天书”表述出来。而曹树堃先生就是一位通古今、融中外、精琴艺、谙诗韵，令人钦佩的文化翘楚。

2013年，在纽约著名的库珀联盟音乐厅举办了一场由古旧名琴与现代琴的“双盲测试”对决。两位戴黑眼罩的演奏家都来头不小，他们轮番拉奏三把古琴和十一把现代琴，裁判皆是世界提琴界权威。角逐结果令全场哗然：曹树堃的小提琴荣获音色第一名，而参与对决的名琴只有一把获得音色第四。他所制的小提琴不但领先群雄，且打败了价值千万元的名琴，以无可置疑的实力证实他的小提琴在世界制琴界的崇高地位。此外，他还与徒弟一道，在多次国际提琴制作大赛中斩获金牌、银牌等多项大奖。

曹树堃的祖父饱读诗书，父亲精通音律，在家学家风孕育下，他儿时就对中华文化产生了浓厚兴趣。初中时成绩已名列前茅，同时特喜欢古籍经典。一次他把《白香词谱》带到学校，老师惊讶地问："你真读得懂？"他把《唐诗三百首》从头背到尾，甚至连《孙子兵法》十三篇也几乎全背下来，令许多人感到"不可思议"。他还经常集一堆生僻字向语文老师请教发音，以致同学们送他绰号"识字多"。"早岁读书无甚解，晚年省事有奇功"（苏辙）。这个"书呆子"，今天能做出被专家们认为"有文化气质"的提琴和写出广受好评的古体诗，显然，这与他早年打下的坚实基础是分不开的。

中国书法家协会原副主席、诗人、中山大学教授陈永正看了他的《诗化〈易经〉》初稿激动地赋诗："大易如天吐纳深，千秋真旨邈难寻。闻弦自得传经意，诗化微茫见道心。"同时写道："《周易》博大精深，古今解者纷纭，而以诗体译述，则前所未有。"曹树堃为何要立志用诗歌来化译《易经》呢？据他本人介绍，这与其经历好奇、放弃、洞开的过程有关。

好奇：祖父的博学睿智在当地很有影响，他经常用《易经》帮助别人解决难题。"也许《易经》中藏有什么奥妙？"这在他幼小心灵中深深扎根。

放弃：他第一次从美国回中国，就在书店买了一套"中国古典丛书"，其中最吸引他的是儿时带有神秘感的《易经》，但读完后仍是一头雾水。其中除了"潜龙勿用""亢龙有悔"的成语似曾相识，其他内容基本不懂。于是便知难而退，束之高阁了。

洞开：后来他因工作需要常往返中美，机场书店的《图解易经》吸引了他，此书打开了他对《易经》的兴趣和理解的大门。他将“易理”运用到制琴中：面板朝天为乾，底板朝地为坤；面板由针叶松木造为阳，底板用阔叶枫木为阴；面板如男低音，底板如女高音，两面都做好才能阴阳平衡发出好声音。像“五行”一样，做琴也有“五要素”：木材、造工、油漆、装配、训练。为了这个发现，他专门写了两首诗：

一

小小提琴有乾坤，
面为阳来底为阴。
底为女声高飘美，
面是男音低厚沉。
阴阳调和共振好，
四弦响亮又平均。
世间万物同原理，
谁握此道是高人。

二

五行巧用制提琴，
木造漆装勤练音。
底面阴阳相匹配，
运筹张力道宏深。

此后，他研究《易经》的热情便一发而不可收，先后买了十多本关于《易经》的书，有的几乎被他翻烂了，这与孔子注释《易经》并留下“韦编三绝”的佳话何其相似。为帮助像自己当年那样的人学习掌握这部中华智慧宝典，使它不但“易懂”“易记”且“易用”，他按照“尊重原著，通俗易懂，琅琅上口，易记难忘”的原则，立志将《易经》化译成诗歌。经过两千多个日日夜夜，终于将《诗化〈易经〉》初稿完成。

本人初读书稿后，被他的钻研精神和出众才华感动，因此即兴赋诗：

制琴大师曹树堃，
诗化《易经》功底深。
智慧宝典得传播，
易懂易记易用神。

自央视国际频道《文化之旅》栏目开设《易经》智慧系列节目后，“易学”作为中华文化经典越来越引起国内外广大观众的兴趣。源于《易经》的清华校训“自强不息，厚德载物”就是中国人精神的充分体现。本人通过在四大洲讲学经历深刻体会到，东方文化与西方文化在根本上是相通的。“做人十字架（正直），做事太极图（变通）”就是我所崇尚的人生哲学。我相信，随着东西方文化的交流与融合，《易经》等中华文化经典一定会引起越来越多的西方朋友的关注。

我衷心希望《诗化〈易经〉》能成为中国，乃至世界史上首部将《易经》普及化，使其成为普通民众都能读懂并掌握运用的智慧之书。

（作者是被誉为“思维奇人”的创新提速教育专家）

前　言

《易经》是世界文明史上"三大智慧宝书"之一，是中华文化和智慧之源，是囊括自然哲学与伦理实践的宝典。

"易"的解释有三种：一、有人认为"易"字是由日、月二字组成。二、有人认为"易"即飞鸟。三、更有人认为"易"是蜥蜴，蜥蜴因环境而变，故"易"即"变"也。

《易经》也称《周易》，因为很多人认为现在的《易经》版本，由周代的周文王姬昌完成。而《周易》的"周"也有两种解释：一种认为易道周普而无所不备，《易经》中的六十四卦三百八十六爻涵盖万事万物；而另一种说法认为"周"指的是周朝。

据传说，《易经》由新石器时代的伏羲所创，后由周文王、孔子及弟子们予以进一步完善，是一本集体创作的、具有中国文化特色的经书。据记载，八千年前先有伏羲初创八卦，到了殷商末年，周文王被囚禁时，根据先天八卦，演绎出了后天八卦。之后进一步推演出六十四卦，并作卦辞和爻辞。到了春秋时期，孔子为了解释《易经》而著《易传》。

《易经》的主要观点，含有"天人合一"的初期中华宇宙观；有对立统一的阴阳辩证学说，有高度重视的道德修养、以民为本的仁政思想，有物极必反、居安思危、中庸致和、变通致久、顺应时势和按规律办事等丰富内容。

《易经》一书中通过六十四个卦象阐说天地的大法则，告诉人们，要知变、善变、应变，从而把握客观事物规律，并将之运用到日常生活中去。《易经》本来是一本卜筮之书，经过演化却成为中国人指导思维方式的哲学经典，《易经》本身说明了中华民族智慧的博大。

现代人为什么要学习《易经》？因为《易经》不但包含着中国人的思维方式，更被中国人视为破解宇宙“密码”的钥匙。《易经》问世以来，一直对中国的政治、经济、军事、医学、建筑、民俗文化等发挥巨大的影响力。古时有“不读《易》，不可以为相”的说法。几千年来，研究《易经》卓有成就的，都是经邦济世的风云人物，其中有帝、王、将、相和名医、高僧、诗人、哲学家和思想家。中国人信奉的儒释道中的儒、道二家，其思想也源于《易经》。《易经》的影响，不但体现于上层人物，对民间的潜移默化也深刻而广泛。关于《易经》，老百姓中有“日用不知”的说法。而属于《易经》的象数学派，所衍生出山、医、命、相、卜等行业，在民间流传至今。

《易经》的影响还是世界性的。有这样一说：德国著名哲学家黑格尔称，他创造的正反逻辑定律得自《易经》的启发。日本明治维新时期的组阁原则，是“不知《易》者，不得入阁”。近代更有多名诺贝尔奖获得者，如德国的汉森堡教授、丹麦的玻尔教授、美籍华人李政道教授，均声称他们的得奖论文得益于《易经》。还有人认为，以二进制为基础的计算机，是欧洲人莱布尼兹经《易经》八卦理论的引导而研究出来的。由此可见，《易经》是一本施惠于古今中外的智慧宝典。

我不揣浅陋，对《易经》作“诗化”。为什么呢？《易经》产生于古代，文字简约艰涩，使自小缺乏阅读文言文训练的人望而生畏。许多人第一次读《易经》，觉得像读“天书”，一头雾水。时至今日，尽管我们已有多种多样的《易经》注释本，但在本人的阅读范围，尚未看到有人用诗歌的形式诠释《易经》。本人年前出版了《诗化老子〈道德经〉》一书，在“诗化经典”方面做了初步尝试，意外地得到一些好评，本人获得正反两方面的创作经验。有了这个基础，我才鼓起冒险犯难的勇气。

此外，有两个理由使我坚定了诗化《易经》的决心。其一，近年一些学者认为，《易经》本身是韵文，问题在于太古奥，将其衍绎为主旨不走样，又押韵、顺口，便于朗诵和记忆的诗体，是顺理成章之举。其二，被列为“世界三大智慧之书”的另一本经典——印度的吠陀，也是以诗写成的，它得以流传久远，恰恰证明用诗歌表达经典的优越性。

《易经》是华人信仰的经典，诗化《易经》更有利于普及。本人希望诗化《易经》成为学习《易经》的辅助读物，通过它，将“天书”变成“人书”。人类的生存，生存的质量赖于拥有的智慧，而中华民族就是一个主要依靠智慧和经验生存的民族。

在节奏快速的现代，很多人仅具有应世的小聪明，大智慧却明显不足。曾为华人首富的李嘉诚，当别人问到“晚年有什么希求”时，回答是：但求能有更多的智慧。然则，智慧是从哪里来的呢？

智慧除了从实践中来之外，经典也是一个极为重要的资源。《易经》既然被公认为“集智慧之大成”，那么，化解它文字上的晦涩艰深，让它从少数学问家的专利变为普罗大众喜闻乐见的读物，无疑是极有意义的人文工程。

一旦更多的平民百姓得以分享《易经》里面的智慧，《易经》便可能从百姓“日用不知”变成“日用皆知”。这种“知”就是精神文明中的“民智”。

诗化《易经》，内容上，除了包括《易经》的原文，主要是：将其主旨化为诗句。除了乾坤两卦之外，基本是每一卦配一首七言诗，每一爻配一首五言或七言绝句。这些诗的体裁，都是旧体诗。所押的韵大抵是新韵，没有严格遵循素来为律绝严格规定的声律。为什么不讲究平仄？因为，以《易经》的博大深邃，如要既最大限度地接近原意，又要完全按声律写，这任务是不可能完成的，搞不好会既无法精准地阐释原意，表达上又陷入左支右绌的境地。

为了让读者更好地理解《易经》的内容，我在每一卦和每一爻都加上“义理”和“象数”两方面的浅释，而以义理为主。本人认为，六十四卦是六十四个大智慧，而三百八十六爻是三百八十六种人生经验，读懂了便可以善易不卜。

诗化《易经》时乘六龙插图

（由著名旅美华人画家陈万祥创作）

六龙吟

潜龙勿用伺机动，
见龙在田勤用功。
惕龙翼翼倍谨慎，
或跃或渊乘势冲。
飞龙在天大得志，
亢龙有悔保善终。
六龙人生六阶段，
适时而动运长红。

第一篇
诗化乾卦

一、原文

乾，元亨利贞。

《彖》曰： 大哉乾元，万物资始，乃统天。云行雨施，品物流形，大明终始，六位时成，时乘六龙以御天。乾道变化，各正性命，保合太和，乃利贞。首出庶物，万国咸宁。

《象》曰： 天行健，君子以自强不息。

初九，潜龙勿用。

《象》曰： 潜龙勿用，阳在下也。

九二，见龙在田，利见大人。

《象》曰： 见龙在田，德施普也。

九三，君子终日乾乾，夕惕若，厉无咎。

《象》曰： 终日乾乾，反复道也。

九四，或跃在渊，无咎。

《象》曰： 或跃在渊，进无咎也。

九五，飞龙在天，利见大人。

《象》曰： 飞龙在天，大人造也。

上九，亢龙有悔。

《象》曰： 亢龙有悔，盈不可久也。

用九，见群龙无首，吉。

注：本书引文参考金景芳、吕绍刚著《周易全解》，上海古籍出版社2017年版。

《象》曰：用九，天德不可以为首也。

二、诗化乾卦

1．元以仁本万事首，亨通发达礼同修。利有义和聚人气，贞正永固不回头。

2．乾元[①]如春万物始，亨通如夏云雨施。利和如秋收作盛，贞正如冬守四时。

3．大哉乾元乃统天，始创宇宙万物源。云行雨施万物长，日出运作六方连。

4．时乘六龙统御天，保合太和利贞坚。各自性命各价值，乾道变化出自然。

5．首出庶物[②]是阳乾，万国咸宁福无限。自强不息君子志，永不停止天行健。

注译：

①乾元：乾指天道，元是开始。

②首出：开始出；庶物：众多事物。

义理浅释：乾代表天、龙、首领和大丈夫等。乾卦代表刚健进取，与柔顺被动相对，其卦辞为“元亨利贞”，讲述世间万物从诞生，到发展，到鼎盛，到衰亡，周而复始、循环往复的规律。乾卦的智慧是应顺势而为，顺应时势便能亨通顺利；乾德是要与周围事物或人和睦相处，这样才有益于发展前进，最后守持正固，持之以恒。乾卦以龙为爻象，乾卦六龙代表整个天地自然的变化规律。这六个爻也可以看作人生发展的六个阶段，每个阶段都有各自对应的变化和特点。只要我们逐个掌握它们的变化规律，合理利用，就可以像龙一样飞黄腾达。

象数浅释：传统认为乾卦是一上卦（也有人认为是中上卦），其卦象是上乾下乾相叠的纯阳卦。从象数学派的角度观之，由于乾为始极的天道，代表运行不息、蒸蒸日上的刚健和阳刚力量，传说得此卦者事业大吉大利，财运亨通，容易心想事成。经商方面适合与人合作，婚恋方面会进展缓慢，婚姻可成，但相处较难，健康方面身体慎防发热。命理认为得乾卦者具有创业的本领，是领导人才，但也可能缺乏守成的功夫，也会因过于阳刚而遭挫折。如果得到阴柔的贤人和内人相助，便不会在顺境中忘乎所以，如能顺时应变更可永立于不败之地。

初九

潜龙勿用暂不伸，韬光养晦作隐人。初九始爻勿轻动，元阳在下潜藏深。不求名利不改节，忧则避之乐则循。养精蓄锐待机到，志不可拔似青云。

解说：从义理角度来讲，因为初九爻在阳气初生的阶段，位低力薄，而且时机还没有成熟，需要耐心等待，避免强出头，多管闲事。初九爻被认为是吉凶未知的平爻。

九二

见龙在田阳气增，九二有利见大人。圣人已出普施德，防范邪恶守诚心。言必守信行必谨，为善不夸感化民。机遇到来要把握，君王美德终将伸。

解说：九二爻是刚阳得中，具有君王的美德，由于还是开始显现，假如能谨言慎行，保持诚信，抓住机遇，又能借助外力发展自己，定能成就一番事业。命理认为九二是一吉爻，传说得者其运势大旺，会有贵人相助，将大有作为。

九三

九三居正故称君，终日反省净化身。反复其道[①]立忠信，进德修业[②]显诚真。不骄居上不忧下，保持一颗正直心。惕龙乾乾慎防范，虽处危位祸不临。

注释：

①反复：指坚定执着；其道：指正确之道。

②进德：指增加道德知识和感情；修业：指净化行为。

解说：从义理上说，九三爻就如龙飞半空，事业未成。有可能处于不上不下的尴尬阶段。这时如进德修身，时刻谨慎防范，那么尽管处于险地也不会有危险。命理认为九三是一平爻（也有人认为是一当位的吉爻），传说得者要低调做人、谨慎做事，自强不息便可平安顺利。

九四

或跃在渊[①]祸不侵，九四之位阳居阴。审时度势进无咎，进退无恒非离群。

君子进德兼修业，及时进取脱凡尘。长处多惧地凶险，寻找出路保全身。

注释：

①或跃在渊：指或者跃起，或者深藏。

解说：九四爻处于不上不下的多惧之地，跃上或是退下？要审时度势，灵活掌握。如果此时能以提高自己的道德修养的方式来建功立业，不错过时机，就没有灾难。命理认为九四是一平爻，传说得者做事艰辛，但不管是进是退，都应依据时机来定。

九五

九五飞龙腾在空，利见大人[①]立奇功。同气相求同声应，风从虎来云从龙。水流湿来火就燥，天地亲者各类从。圣人作[②]而万物附，普天得利感受同。

注释：

①利见大人：指见到大人物有利。

②圣人作：指圣人出现。

解说：九五爻是卦中最吉的君位，代表事物发展到最完美的阶段，皇帝九五之尊的称呼就是从此得来。此位品德、才智、地位各方面都兼备，就如腾龙一飞冲天，大展宏图。命理认为九五是一大吉爻。

上九

亢龙有悔已过分，贵而无位[①]高无民[②]。存亡进退不知晓，走向极端变愚人。贤人在下却无辅[③]，盈不可久祸恐临。

注释：

①贵而无位：指上九在卦上方既非君位也非臣位。

②高无民：指上九非君主故无民。

③无辅：指无贤人辅助。

解说：从义理上理解，上九爻就像客观形势处于盛极之后的状态，已经到了止进而退的时候，假如还要盲目冒进，走向极端，便可能陷入极凶险之境，后悔莫及。

用九

用九之爻变乾坤，刚柔兼备是完人。天德[①]不可偏一处，群龙无首吉永存。

注释：

①天德：指阴阳对立统一的属性，既不可分割也不分先后。

解说：在义理方面，用九一爻有多种解释。有人认为其意是一群龙中每一条都不自封为首，一定会吉祥；有人认为其意是没有首领时，每条龙都各司其职，各尽所能，就像老子所倡导的无为而治，这是最高境界；也有人认为群龙无首是中国人早期的民主思想。本人认为，用九是可以变化的最高爻，可阴可阳，随心所欲。龙首的首也是主的意思，没将某一条龙作为主龙，随机、随时而变化，这也许是用九的群龙无首精神。也有专家认为由于此卦六爻皆龙，上九没有特殊地位，所以说“无首”。用九也应该是一吉爻，得者刚柔兼备，能屈能伸。

第二篇

诗化坤卦

一、原文

坤，元亨利牝马之贞。君子有攸往，先迷后得主，利西南得朋，东北丧朋，安贞吉。

《象》曰：至哉坤元，万物资生，乃顺承天。坤厚载物，德合无疆，含弘光大，品物咸亨。牝马地类，行地无疆。柔顺利贞，君子攸行，先迷失道，后顺得常。西南得朋，乃与类行，东北丧朋，乃终有庆，安贞之吉，应地无疆。

《象》曰：地势坤，君子以厚德载物。

初六，履霜，坚冰至。

《象》曰：履霜坚冰，阴始凝也。驯致其道，至坚冰也。

六二，直方大，不习无不利。

《象》曰：六二之动，直以方也。不习无不利，地道光也。

六三，含章可贞，或从王事，无成有终。

《象》曰：含章可贞，以时发也；或从王事，知光大也。

六四，括囊，无咎无誉。

《象》曰：括囊无咎，慎不害也。

六五，黄裳，元吉。

《象》曰：黄裳元吉，文在中也。

上六，龙战于野，其血玄黄。

《象》曰：龙战于野，其道穷也。

用六，利永贞。

《象》曰：用六永贞，以大终也。

二、诗化坤卦

1．乾为阳来坤作阴，坤道承天万物欣。厚德载物[①]顺乾意，包容无限物缤纷。柔顺利贞[②]如母马，应地无疆[③]往前奔。先会迷途后畅顺，西南得朋得同人。东北丧朋[④]终有庆[⑤]，坚守正道吉永存。

2．坤是至柔动也刚，至静顺阳德正方[⑥]。包容万物化生命，顺天而行掩光芒。

注释：

①厚德载物：增厚其道德负载万物。

②利贞：利守正（也解为利于占卜）。

③应地无疆：母马在大地驰骋无疆界。

④西南得朋，东北丧朋：西南是坤阴位宜结同类，东北是乾阳位不宜结朋党。

⑤终有庆：终于得到吉庆。

⑥德正方：品德方正不邪。

义理浅释：坤卦以地为象，而卦辞的象征物是母马。虽取象不同但都是顺从的意思。母马顺从种马，地顺天，阴顺阳，臣顺君，妻顺夫。无论卦爻辞和《彖》《象》《文言》都强调坤阴要服从乾阳。阳代表天，是生命的起点；阴代表地，诞生万物。乾坤两卦至阳至阴，至刚健、至柔顺，相辅相成，对立统一。它们是相互作用构成事物运动发展的动力。阳主阴从，阳始阴成。坤卦的智慧包括恪守中庸，广蓄美德，未雨绸缪，胸怀宽广，包容万物，谨慎行事，甘于奉献，安分守己。坤道是做女人、做配角和做员工的智慧。

象数浅释：传统认为坤卦是一上卦，卦象是坤上坤下。乾象是天，坤象是地，地德是包容，故得此卦者应谨言慎行，不露锋芒，以静制动，以柔克刚。命理认为得坤卦者，诸事有成功的可能，但人生运势开始会时好时坏，起伏不定。不过，不用太在意，假如以守为攻，顺其自然，寻找明主辅佐，好运自然降临。

初六

初六履①霜阴始凝，便知寒天至坚冰。不善之家藏余殃，积善之家有余庆。

臣弑其君子弑②父，不是一朝一夕成。防微杜渐察谨慎，此为臣道要深明。

注释：

①履：踏、踩。

②弑：下杀上。

解说：从义理上来说，初六爻就像事物发展的开始，在此阶段要小心行事，见微知著，防微杜渐，通过观察微小的迹象预测发展趋势。命理认为初六是一平爻，传说得者宜谨防阴气太盛与人结怨。

六二

六二主爻大直方①，端正大方义深藏。助乾不习②便无咎，毋庸置疑地道光③。

注释：

①大直方：端正、正直、大方。

②不习：不反复。另一解释为不要连续占卜。

③地道光：地道广大。

解说：从义理分析，尽管在有利地位，也要端庄正直，深明大义，做事不反复无常。如获君主重用，负起辅佐重任，那么就无往不利。命理认为六二是一吉爻。

六三

六三含章宜可贞[①]，辅助君王展光明。地道臣道与妻道，虽似无成实有成。

注释：

①含章宜可贞：含蓄隐晦，坚持正道。另一解是包藏华彩。

解说：六三的义理即作为辅佐者不要锋芒太露，即使做成了事也不可居功自傲。要有忧患意识，要含蓄收敛，方可避免凶险。命理认为六三是平爻。

六四

六四括囊[①]慎作声，天地变化草木盈。天地闭而贤人隐，无咎无誉祸不生。

注释：

①括囊：扎紧口袋，喻闭嘴。

解说： 六四寓意，如果时势不好，天地闭塞，贤人就应该退隐，以存实力。此时恶不可为，善也不可为，要像扎袋口一样勿言勿动。不为恶则无咎，不为善则无誉，两样不为，祸害不侵。命理认为六四是平爻，传说得者经营存阻滞，谨慎收敛便无灾祸。

六五

六五黄裳[①]吉盛隆，柔顺美德藏于中。四支通畅旺事业，正位居体理穷通。

注释：

①黄裳：黄指地的颜色，裳指衣着下方；黄色下衣的黄裳指柔顺之道。

解说： 义理认为身居高位仍要保持柔顺本性，如能恭顺谦下，保持中庸的美德必能大吉大利。命理认为六五是一吉爻，传说得者会不愁吃喝，衣食无忧。

上六

上六极阴疑[①]于阳，与龙交战地中央。坤道乾道争高下，血流成河两俱伤。

注释：

①疑：比拟，指阴阳势均力敌。

解说： 此爻如乾卦的亢龙有悔上九爻一样凶险。当坤阴发展到极盛，就一反柔顺本性，与乾阳争个高低，势必两败俱伤，血流成河。

用六

用六六阴变六阳，刚柔相济力更强。利守永贞善终结，坤道臣道意深长。

解说：用六可作一平爻看，在任何时候只要坚守贞正便可化凶为吉。

第三篇
诗化屯卦

一、原文

屯，元亨利贞，勿用有攸往，利建侯。

《彖》曰：屯，刚柔始交而难生，动乎险中，大亨贞。雷雨之动满盈。天造草昧，宜建侯而不宁。

《象》曰：云雷屯。君子以经纶。

初九，磐桓，利居贞，利建侯。

《象》曰：虽磐桓，志行正也。以贵下贱，大得民也。

六二，屯如邅如，乘马班如，匪寇婚媾，女子贞不字，十年乃字。

《象》曰：六二之难，乘刚也。十年乃字，反常也。

六三，即鹿无虞，惟入于林中。君子几，不如舍，往吝。

《象》曰：即鹿无虞，以从禽也。君子舍之，往吝穷也。

六四，乘马班如，求婚媾，往吉，无不利。

《象》曰：求而往，明也。

九五，屯其膏，小贞吉，大贞凶。

《象》曰：屯其膏，施未光也。

上六，乘马班如，泣血涟如。

《象》曰：泣血涟如，何可长也。

二、诗化屯卦

屯为初生利建侯[①]，刚柔始交动堪愁。雷雨满盈草始生，天始亨通不急求。君子经纶贮能量，克服艰难待出头。先求保存扎稳根，日后再期望丰收。

注释：

①利建侯：宜树立王侯威信。

义理浅释：屯卦紧接乾卦、坤卦之后，表示天地形成后便有初生的幼芽。初生之物虽然生机蓬勃，前途光明，但脆弱，发展艰难。不过，这正是草创时期普遍存在的现象。屯卦是萌动的智慧，开头的哲学，它启示我们要善于养精蓄锐，懂进退，循序渐进，善择得失，穷时思变才可走出困境。

象数浅释：传统上，屯卦被多数人视为不好的下卦。屯卦卦象是下震上坎相叠，坎为水，震为雷，雷动雨下，幼苗破土初生，寓意创业艰难。命理认为得此卦者易受伤害，故要先求自保，积聚力量。为了前途可暂时忍气吞声。但须珍惜这一时期的每一个进步，通过渐变积蓄力量。只要不断努力，便可走过“发芽”关，为未来的事业打下良好的基础。

初九

初九欲进艰难行，屯难之中利守贞。此时最宜创基业，以贵下贱[1]民欢迎。

注释：

①以贵下贱：阳贵阴贱，指初九为贵阳之爻却位于贱阴之下。

解说：从义理上来讲，在创业初期不宜轻举妄动，在险阻之前宁愿徘徊慢进也要小心，坚定信念的同时注意团结群众。命理认为初九是一平爻，传说得者安分守己则无忧，躁动则不利。

六二

六二之难因乘刚，骑马前往嫁彷徨。十年才嫁反常态，后嫁初九终发光。

解说：六二的寓意即在困难时期，要抱持信念和斗志，耐心等待，这样最终会有所成。命理认为六二是一平爻，传说得者有婚嫁之喜，但须静候。

六三

六三逐鹿无导人，失鹿逃进大森林。君子不如舍之去，穷进猛打吝必临。

解说： 寓意为如急躁进取，贪得无厌，不懂得及时停止，则不但徒劳，而且会陷入困境。从命理角度被认为是一凶爻，传说得此爻者须安分守己。忌纵欲，否则会有灾难。婚姻有困难。六二卦象是婚姻故事，六三是打猎的故事。

六四

六四初九求婚媾，乘马欲行又踯躅。刚柔相济最明智，往前吉利不用愁。

解说： 从义理上来说，六四爻的意思是：如果明确了方向（如有了求婚对象），就应该勇敢地深入追求，那就无往不利。命理认为六四是一吉爻，传说得者谋事可成，更会有朋友相助，顺势而为则大吉大利。

九五

屯积膏泽[①]未施恩，九五阳爻陷两阴。小贞吉祥大贞[②]凶，渐破屯难向前行。

注释：

①膏泽：指恩惠、利益。

②小贞：指六二爻；大贞：指九五爻。

解说： 从义理上讲，此爻告诉人们，做事应从小做起，循序渐进。凡事不可做得太过分，否则适得其反。命理认为此爻是一平爻，传说得者谋事勿急躁，小事可成，大事无望。

上六

上六乘马更艰辛，泣血涟涟泪如奔。欲通欲灭二居一，摆脱困境早翻身。

解说：义理认为，长期徘徊不前，摆脱不了困境，前途必有凶险。化解之策是放手一搏，以求突破。要么是成功，要么就是灭亡。命理认为上六是一凶爻，传说得者家道中落，前无出路。

第四篇
诗化蒙卦

一、原文

蒙，亨。匪我求童蒙，童蒙求我。初筮告，再三渎，渎则不告，利贞。

《彖》曰：蒙，山下有险，险而止，蒙。蒙，亨。以亨行，时中也。匪我求童蒙，童蒙求我，志应也。初筮告，以刚中也。再三渎，渎则不告，渎蒙也。蒙以养正，圣功也。

《象》曰：山下出泉，蒙。君子以果行育德。

初六，发蒙，利用刑人，用说桎梏，以往，吝。

《象》曰：利用刑人，以正法也。

九二，包蒙吉，纳妇吉，子克家。

《象》曰：子克家，刚柔接也。

六三，勿用取女，见金夫，不有躬，无攸利。

《象》曰：勿用取女，行不顺也。

六四，困蒙，吝。

《象》曰：困蒙之吝，独远实也。

六五，童蒙，吉。

《象》曰：童蒙之吉，顺以巽也。

上九，击蒙，不利为寇，利御寇。

《象》：利用御寇，上下顺也。

二、诗化蒙卦

山下有险卦为蒙，虽说险阻乃亨通。亨通因位守中庸，真诚求教是蒙童。蒙昧无知宜守正，启蒙便是圣人功。山下有泉昏蒙象，君子修德自从容。

义理浅释：尽管山下有险，也仍要果行修德，发奋努力，循序渐进，永不停歇。只要把握时机，行动符合时宜，就一定能够成功。此卦除有“我求童蒙”的意思外，还具有启蒙意义。启蒙是谆谆诱导的智慧，是教育的智慧，其中也包含与刑教结合的哲学。

象数浅释：传统认为山水蒙是中下之卦，其卦象是下坎上艮相叠，坎为水，艮为山。山下有险仍不停前往，是为蒙昧。命理认为得蒙卦的人将遇到困境而自身又不知如何化解，生活中有可能混混沌沌不知所措，诸事不顺。如有高人指点迷津，或求教名师，能扭转运势，变危为安。

初六

初六发蒙①利用刑，不用刑罚难反省。长此以往得忧吝，需用法规把蒙正。

注释：

①发蒙：开始启蒙。

解说： 义理认为，初六最为蒙昧，如对不守正道的学童需严加管教。严师出高徒，必要时应给予惩罚使之回归正途。命理认为初六是一凶爻，传说得者多有官讼和争斗，如得理饶人便能解脱。

九二

九二启蒙阳在阴，刚柔相济位不争。娶妻生子皆吉利，子代父业有可能。

解说： 从义理理解，聪明人应该包容蒙昧的人，要给蒙昧的人受教育的时间和机会，这样做会得吉祥。命理认为九二是一吉爻，传说得者人情和合，百事有成。结婚生子，有财有福。身体宜练体操。

六三

六三此女不可寻，乘二望五只认金。悖逆不顺无攸利，娶之难求渠安心。

解说： 义理认为，六三比喻品性恶劣、凌辱别人的人，如朽木之不可雕。这种人，可以弃之不教，逐出师门。命理认为此乃一凶爻，传说得者生是非，小则破财，大则伤身。

六四

六四体虚上下阴，比应皆无蒙困身。独远阳实有忧吝，失道寡助可鄙人。

解说：从义理上说，六四如一个气质虚弱、得不到师教的蒙昧阴暗之人。不过，六四也是得位，虽有忧虑，但如能改变，也有可能摆脱。命理认为六四是一凶爻，传说得者人情淡薄，生意经营受阻。

六五

六五位尊有诚心，恭顺谦逊如明君。童蒙自处大吉利，治国必定有贤臣。

解说：六五就如居尊谦逊之人，也如好学、听话、听教的儿童，这样的儿童是大家保护的对象，一定会吉利。命理认为六五是一吉爻，传说得者如获良师，百事顺遂，谋望可成。

上九

上九击蒙①易过头，过头结果便堪忧。适宜御寇②上下顺，惩教得当合理由。

注释：

①击蒙：惩罚蒙昧者。

②御寇：指帮助童蒙克服弱点。

解说：上九认为教育可以用较严厉的方法，但不能太过，施行暴力，是教不出好人的。命理认为上九是一平爻，传说得者宜守不宜攻，须谨防争讼及寇盗之扰。

第五篇

诗化需卦

一、原文

需，有孚，光亨，贞吉，利涉大川。

《彖》曰：需，须也，险在前也。刚健而不陷，其义不困穷矣。需，有孚光亨，贞吉，位乎天位，以正中也。利涉大川，往有功也。

《象》曰：云上于天，需，君子以饮食宴乐。

初九，需于郊，利用恒，无咎。

《象》曰：需于郊，不犯难行也。利用恒，无咎，未失常也。

九二，需于沙，小有言，终吉。

《象》曰：需于沙，衍在中也，虽小有言，以吉终也。

（按，“以吉终也”或作“终吉也”。）

九三，需于泥，致寇至。

《象》曰：需于泥，灾在外也。自我致寇，敬慎不败也。

六四，需于血，出自穴。

《象》曰：需于血，顺以听也。

九五，需于酒食，贞吉。

《象》曰：酒食，贞吉，以中正也。

上六，入于穴，有不速之客三人来，敬之，终吉。

《象》曰：不速之客来，敬之终吉，虽不当位，未大失也。

二、诗化需卦

需[①]卦天上雨云浓，有诚光大又亨通。艰险在前须等待，刚健不陷义不穷。阳居中正天之位，利涉大川往有功。饮食宴乐积力量，假以时日向前冲。

注释：

①需：等待。

义理浅释：需卦有多种含义，如欲望、需求、等待，也代表需求发展而遇到险阻。满足需求便要奋发努力，时机未成熟便要等待，等待出自强者的自信。无论对国家和个人来说，等待也是一种智慧。等待中，自身不但坚守诚信，积聚能力，还要谨言慎行，不盲目而动，从而发现机遇，化险为夷。

象数浅释：传统认为需卦是中上卦，卦象是上坎下乾相叠，坎为水，乾为天，以刚逢险，以稳健为妥，不可冒失行动。要静观其变，要积蓄实力，等待时机。命理认为得此卦者凶中带吉，事业如经商，起步会遭遇困难，假如气定神闲，暗中努力充实自己，并得贵人之助，可走向成功。婚姻方面，男易贪婚，女易贪嫁，宜从容等待才有好的结果。

初九

初九等待远在郊，一往无前是阳爻[①]。持之以恒便无咎，避免犯难事弄糟。

注释：

①阳爻：指初九因刚阳可能会一往无前犯难而行。

解说：此爻的义理，身为刚健冲动的年轻人容易躁进，如果时机尚未成熟时就冒险行动，容易把事情弄糟。持之以恒，耐心等待，时机成熟才行动，方能免祸。从命理来讲此爻被认为是一平爻，传说得此爻者，若守成则免灾祸。婚姻迟来。身体宜调养。

九二

沙滩等待易被陷，小有微言[①]莫担心。九二宽厚位居中，最终吉祥心气沉。[②]

注释：

①小有微言：指有点口舌是非。

②九二处于互卦兑卦之下，“兑”为口舌之意。人的口，会因出狂言招祸，但也可以纳福，生活优游而吉祥。

解说：九二处于需卦的互卦兑卦之下，“兑”意为喜悦光明。宜心胸开阔，耐心静待时机，忍受闲言闲语，最终会迎来顺遂之境。命理认为九二是吉爻，传说得者会受流言困阻，甚至为诉讼所扰，坚持等待才可获得吉祥。

九三

需泥[①]近水犯险身，招来敌寇有可能。九三还幸灾在外，待时而动谨慎行。

注释：

①需泥：在淤泥中等待。

解说：从义理上说，九三就像陷入泥中不能自拔，处于困难之境。还可能遇上强盗。故更应恭敬谨慎，力求自保，以立于不败之地。命理认为九三是凶爻，传说得者须谨慎防窃、防水险等。

六四

需于忧难六四阴，老老实实安本分。乘阳应九得好位，言听计从宜遵循。

解说：九二义理是有时要依附强者，顺应客观规律才可化险为夷。命理认为六四是一平爻，传说得者渐离厄运，恢复平稳。

九五

酒食宴乐重养生，九五位尊乐吾民。中正守贞险不溺，天下大吉乐不淫。

解说：平日要调理饮食。危难中泰然自处，若无不如意事则安心品尝酒食，此乃处险待时的最高境界。命理认为九五是一吉爻，传说得者丰衣足食，大吉大利，婚嫁皆宜。

上六

上六入洞需要藏，不速之客太阳刚。敬之终吉可化险，既无大失位正当。

解说：从义理来讲，虽处极度险境，如能谨慎待客，以和为贵，也会因获得帮助和救援而解困。命理认为上六是一平爻，传说得者宜谨慎，以和为贵。

第六篇

诗化讼卦

一、原文

讼，有孚，窒惕，中吉，终凶。利见大人，不利涉大川。

《彖》曰：讼，上刚下险，险而健，讼。讼，有孚窒惕中吉，刚来而得中也。终凶，讼不可成也。利见大人，尚中正也。不利涉大川，入于渊也。

《象》曰：天与水违行，讼。君子以作事谋始。

初六，不永所事，小有言，终吉。

《象》曰：不永所事，讼不可长也。虽小有言，其辩明也。

九二，不克讼，归而逋，其邑人三百户，无眚。

《象》曰：不克讼，归逋窜也。自下讼上，患至掇也。

六三，食旧德，贞厉，终吉，或从王事无成。

《象》曰：食旧德，从上吉也。

九四，不克讼，复即命，渝安贞，吉。

《象》曰：复即命，渝安贞，不失也。

九五，讼元吉。

《象》曰：讼元吉，以中正也。

上九，或锡之鞶带，终朝三褫之。

《象》曰：以讼受服，亦不足敬也。

二、诗化讼卦

上刚下险[1]易起讼，诚信谨慎讼不凶。不利远行涉大川[2]，利见大人[3]守其中。讼卦天与水相违，天向西来水向东。君子处事先谋动，不争到底得善终。

注释：

①上刚：指外卦为三阳爻为刚。下险：指内卦为坎，水坎为险。

②不利远行涉大川：喻一条死路走到底，冒险则无利。

③利见大人：如有德高望重的权威人物调停裁决则有利。

义理浅释： 讼卦是古人对争讼的看法，其基本思想即争讼是坏事。无争最好，息讼次之，争讼最坏。卦辞认为，即使被迫应诉，也应争取停讼，息事宁人，以和为贵。对争讼到底的人表示强烈鄙视。即使形势于自己有利也要坚持公正，无偏无私，平息纷争。讼卦所涉，是古人关于讼的智慧，打官司的哲学。

象数浅释： 天水讼卦被认为是大凶之卦，此卦预示阻碍横生，所求之事多半难以成功。若与人争执会有牢狱之灾，须警醒谨慎。讼卦卦象是上乾下坎，水天相隔，两者相背，运势多变，所以命理认为得讼卦者运势会不太好，无论做什么都容易出现意外变故，导致所求之事以失败告终。如强求成功，会招致更大损失。宜低调，等待时来运转。

初六

初六诉讼忌长年，否则容易陷深渊。小有微言终吉利，辨明是非化仇冤。

解说：义理认为，长期诉讼只会给双方带来更大的坏处，所以要让裁决果断迅速。尽量化解双方矛盾，不过，小有微言，即做适当的争辩，也是需要的。命理认为此乃一吉爻，传说得者虽生起是非，但以吉告终。

九二

九二讼败地位卑，逃之夭夭可避危。自下讼上无胜算，图招祸害不应为。

解说：义理认为因地位形势极其不利，急流勇退，退出争讼是明智之举。命理认为九二乃一平爻，传说得者如能息事宁人，应平安无事。婚姻不宜，身体要居家调养。

六三

六三有幸食旧德[①]，从上守正可得吉。坚持争讼必不成，忍耐不争便不失。

注释：

①食旧德：享受祖宗的余荫，如家业、社会资源等。

解说：命理认为六三为一平爻，传说得此爻者如保持常态，则无灾难，婚姻宜和合，身体依医师吩咐。得六三者有祖宗余荫，与世无争，维护既得利益，以无成为有成，无往不利。

九四

九四讼不胜，回来即认命。改安守正道，得理更吉庆。

解说：义理认为，九四虽阳刚好胜，但如失败应赶快调整，改弦易辙，变刚为柔，化讼为和，可得吉庆。命理认为九四是一吉爻，传说得者会转危为安。做领导的会官复原职。婚姻可改。身体方面，宜改变生活方式。

九五

九五讼必胜，只因位中正。大吉又大利，原因君王命。

解说：九五是一吉庆的主爻，它就像是人民所期待的刚健中正、大公无私的判官。有这样的判官，诉讼必胜。命理认为九五也是一吉爻，传说得者经营、谋事、求财皆顺遂。

上九

上九争讼似得赏，非为美德是逞强。赐赏三回被剥夺，可见没有好下场。

解说：义理认为，因打官司而胜出，不值得称赞，所得利益日后也难免被人取回，就像得到君王赏赐又被剥夺，最终身败名裂。命理认为此乃一平爻，传说得者会有争诉之忧，婚姻不利，躯体病凶，宜修德养身生，化大为小。

第七篇

诗化师卦

一、原文

师，贞，丈人吉，无咎。

《彖》曰：师，众也。贞，正也。能以众正，可以王矣。刚中而应，行险而顺，以此毒天下而民从之，吉又何咎矣。

《象》曰：地中有水，师。君子以容民畜众。

初六，师出以律，否臧凶。

《象》曰：师出以律，失律凶也。

九二，在师中吉，无咎，王三锡命。

《象》曰：在师中吉，承天宠也；王三锡命，怀万邦也。

六三，师或舆尸，凶。

《象》曰：师或舆尸，大无功也。

六四，师左次无咎。

《象》曰：左次无咎，未失常也。

六五，田有禽，利执言，无咎。长子帅师，弟子舆尸，贞凶。

《象》曰：长子帅师，以中行也。弟子舆尸，使不当也。

上六，大君有命，开国承家，小人勿用。

《象》曰：大君有命，以正功也。小人勿用，必乱邦也。

二、诗化师卦

师[①]能守正可称王，阴阳正应中而刚。险中求顺定天下，民众顺从天下安。师帅德才应兼有，吉祥无咎胜辉煌。地中有水师卦象，君子容民把众藏。

注释：

①师：本义为众，也是战时的军队。

义理浅释：师卦讲的是用兵和统领的智慧。中国古代关于战争的主张，是寓兵于民，用兵须是正义之师，军队的统帅要以德贞服众，指挥权不能旁落于小人。用兵要纪律严明，战术要灵活多变，赏罚要公正分明。只要上下一心，定能排除万难，百战百胜。

象数浅释：从象数来讲，师卦为中上卦。这个卦是异卦（下坎上坤）相叠。“师”指军队。坎为水、为险；坤为地、为顺。用兵乃凶事，圣人不得已而为之，但它可以快速解决矛盾。只要顺乎形势，师出有名，就能化凶为吉。得此卦之人会遇很大阻力和很多困难，处于激烈的竞争状态。宜与他人密切合作，谨小慎微。既要行为果断，又切忌盲目妄动。注意保全自己，机动灵活。严于律己，便能成功。传说得此卦者天资多聪颖，性格灵活，又具坚强的意志，对事业有执着的追求，能迎难而上，可成就大事业。不过，由于喜竞争，善争辩，爱冒险，不免带来麻烦。所以务必老成持重，不贪功，以中正为要，否则为害惨烈。

初六

出师律要严，否则必凶险。初六柔居下，军纪最为先。

解说：从义理来讲，指行军打仗一定要纪律严明。没有严格的军纪，师出必凶。从命理来讲此乃一凶爻，传说得者如妄动，成少败多，甚至有险难及刑伤。

九二

九二君位帅居中，受王三锡①承天宠。怀绥万邦仁天下，卦主无咎吉日永。

注释：

①三锡：多次获得嘉奖。

解说：九二的寓意是行军打仗一定要委任素质完备的人做统帅。主帅一定要刚柔兼具、有勇有谋，若然出师便吉利。命理认为九二为一吉爻，传说得者会遇贵人，受人赏识，谋事可成。

六三

六三出师大无功，以柔居刚不正中。指挥失当载尸还，兵败无疑战必凶。

解说：六三寓意是假如出师将领才疏却志刚，贪功冒进，只会大败，载尸而还。

六四

六四师退后，伺机应无咎。居次未失常，最终胜敌寇。

解说：义理认为，在不利的情况下，须细心慎重，力戒冒进。只有懂得敌进我退，善于保存实力，才有最终战胜敌人的可能。命理认为六四是一平爻，传说得者无大灾难，宜安居乐业。但官运不济。

六五

六五用兵如猎禽，名正言顺利统军。长子率师本中正，次子分权乱用人。用人不当必招败，前途凶险需小心。

解说：此爻义理是不但要任命德才兼备的人做主帅，也要防止小人干扰。用人得当，守持贞固，才可趋吉避凶。命理认为此乃一平爻，传说得者若用人得当则谋事可成。财运方面，有利可图。

上六

发号施令是大君，开国承家[①]避小人。如用小人必乱邦，论功行赏更小心。

注释：

①开国承家：封赏诸侯大夫。

解说：此爻是师卦之终，战争结束，胜利凯旋，论功行赏的同时，注意勿用小人，因为小人一有实权，便伺机作乱。命理认为上六也是平爻，传说得者家道可以兴旺，婚姻有贵人做媒，身体要运动。

第八篇
诗化比卦

一、原文

比，吉。原筮元永贞，无咎。不宁方来，后夫凶。

《彖》曰：比，吉也。比，辅也，下顺从也。原筮元永贞，无咎，以刚中也。不宁方来，上下应也。后夫凶，其道穷也。

《象》曰：地上有水，比。先王以建万国，亲诸侯。

初六，有孚，比之，无咎。有孚，盈缶，终来有它吉。

《象》曰：比之初六，有它吉也。

六二，比之自内，贞吉。

《象》曰：比之自内，不自失也。

六三，比之匪人。

《象》曰：比之匪人，不亦伤乎。

六四，外比之，贞吉。

《象》曰：外比于贤，以从上也。

九五，显比，王用三驱失前禽，邑人不诫，吉。

《象》曰：显比之吉，位正中也；舍逆取顺，失前禽也；邑人不诫，上使中也。

上六，比之无首，凶。

《象》曰：比之无首，无所终也。

二、诗化比卦

比是辅助及顺从，九五得位正刚中。求筮再三吉无咎，元始永贞慎认同。不宁方来[1]上下应，迟迟归顺势必凶。地上有水为比卦，王应建国封亲宗。

注释：

①不宁方来：原来不驯服、不来朝的诸侯刚刚归顺。

义理浅释：比卦指的是古人以恩威并施的政治手段治国，它要求治国者亲近天下百姓，要光明正大，宽宏包容，来者不拒，去者不追，中正不偏，亲疏如一，尽量团结大多数人。人不可能遗世独立，做任何事都需要合作。比卦是合作的智慧，团结的智慧。选择合作对象要慎重，如果找到适合的合作对象，要当机立断，不能错过机会。出以真诚，与合作者共享利益和成就。

象数浅释：比卦从象数来讲，属于上上卦，其卦象为下坤上坎相叠，五个阴爻向一个阳爻亲近、比附，有众臣亲近、辅佐君王之象。传说得比卦的人，运势由弱转强，会有贵人相助，婚姻百年好合，身体如有病要早治。如果求职，运气不错，会得到扶持，找到比较满意的工作。应该与人和睦相处，大家团结互助，才能做成大事。

初六

初爻有诚酒满缸，共友一心辅君王。比之初六吉无咎，只要诚信心中藏。

解说：初六寓意，人虽处底层，但如能讲诚信，广交朋友便可以得到吉祥。从命理上讲，认为此乃一吉爻，传说得者能遇知己，谋事称心如意。

六二

亲比自内心，六二阴居阴。中正应九五，贞吉不失身。

解说：六二寓意是要成大事一定要搞好内部团结，营造良好环境。进一步，如坚守正道，可以辅助君王或上级成大事。命理认为六二是吉爻，传说得者有贵人帮助。

六三

六三不妙虽处阴，命该亲比邪恶人。自身不中也不正，不亦伤乎悔咎临。

解说：六三的处境本已不妙，若与坏人或奸人为伍，结果一定凶险。命理认为此乃一凶爻，传说得者交友不慎，或有争诉，破财刑伤。婚姻要慎嫁娶，身体要求良医。

六四

六四虽不处中央，亲近外贤显吉祥。更缘九五在其上，辅助君王愿得尝。

解说：六四寓意是如处君王或上级之侧，会得到信任。如还能团结外部力量，定能更获君王或上级的欣赏，运数吉祥。命理认为六四是一吉爻，传说得者出外有利，能得知己之臂助，事事顺利。

九五

王用三驱失前禽[①]，来者不拒去不争。九五显比君天下，远近亲疏视同仁。

注释：

①三驱失前禽：打猎时三面驱赶，网开一面让禽兽逃走。

解说：此爻寓意君主治国守持中正，不偏不倚，来者不拒，去者不追。善待归附之人，对反对者网开一面，定得吉祥。命理认为此乃一吉爻，传说得者先逆后顺，无往不利，谋事有成。婚姻和谐，身体无忧。读书会考佳绩。

上六

上六比无首[①]，再比已无救。不能善始终，必然来凶吝。

注释：

①比无首：没有一个好头领。

解说：义理认为上六位高自傲，功高震主，不愿和君王或领导合作，自身孤立无援，必获凶咎。命理认为此乃一凶爻，传说得者刑克有灾，人情淡薄，甚而有性命之忧。

第九篇

诗化小畜卦

一、原文

小畜，亨。密云不雨，自我西郊。

《彖》曰：小畜，柔得位而上下应之曰小畜。健而巽，刚中而志行，乃亨。密云不雨，尚往也；自我西郊，施未行也。

《象》曰：风行天上，小畜，君子以懿文德。

初九，复自道，何其咎，吉。

《象》曰：复自道，其义吉也。

九二，牵复，吉。

《象》曰：牵复在中，亦不自失也。

九三，舆说辐，夫妻反目。

《象》曰：夫妻反目，不能正室也。

六四，有孚，血去惕出，无咎。

《象》曰：有孚惕出，上合志也。

九五，有孚挛如，富以其邻。

《象》曰：有孚挛如，不独富也。

上九，既雨既处，尚德载，妇贞厉，月几望，君子征凶。

《象》曰：既雨既处，德积载也。君子征凶，有所疑也。

二、诗化小畜卦

密云不雨[①]自西郊，一阴五阳小畜爻。阳爻居中健而巽[2]，阴爻得位五阳包。蓄势待发志终行，不急求成在一朝。风行天上小畜卦，君子文德应提高。

注释：

①密云不雨：指浓云密布尚未降雨。

②健而巽：指下卦乾为刚强，上卦巽为柔顺。

义理浅释：畜卦的“畜”有聚合、阻止、畜养、不可贪大等多重含义。畜卦意为以阴柔积聚力量，既扶助阳刚，又让阳刚适可而止。畜卦告诉我们，在积聚、等待时，只有坚持诚信，加强团结，才能避开灾难。切记不可冒险行动，遇到挫折也不要灰心，鼓起勇气战胜困难。坚持原则，加强合作，提前做好准备，便能走向成功。

象数浅释：按象数而言，此卦有人认为是小吉卦，也有人认为是下卦。其卦象是异卦（下乾上巽）相叠，乾为天，巽为风。和风拂过，谷物滋长，故名小畜。另外，风自西来，雨尚未降，喻力量有限，需积聚，不能大有作为。传说得此卦者运势会反复难调，由于力量有限，须稍加忍耐，静待时机，到一定程度，才可破茧而出。

初九

初九回原道，奢望莫太高。潜伏无灾难，守待是吉爻。

解说：从象数或义理考察，此卦都表示做事在初期适宜守成，不宜冒进。应积少成多、由小到大。命理认为初九是一平爻，传说得者诸事顺祥。婚姻宜谨慎，身体宜静养。

九二

虽乘初九上，被牵回道中。位刚不自失，九二吉相同。

解说：在义理方面，告诫人们，虽有阳刚的本性，也要恪守中道才能大吉大利。命理认为此乃一吉爻，传说得者无论创业还是守成，皆有贵人相助。

九三

九三车脱辐[①]，夫妻变反目。阳被阴反制，家庭难和睦。

注释：

①车脱辐：车轮的辐条脱落。

解说：九三寓意是假如弱主强控，会造成夫妻反目，或臣叛君主的结果。从命理来讲，此乃凶爻，传说得者呈现阴盛阳衰，因内外不安而陷于凶险。

六四

六四意诚阴畜阳，血去惕出[①]免受伤。宜与九五齐合志，上下一心更坚强。

注释：

①血去惕出：从被流血伤害和恐惧中解脱出来。

解说：六四寓意是下属要成事，须先得上级的认可和配合。

只有上下一心才能成功。从命理上说，此乃平爻，传说得者如心诚可时来运转。

九五

九五六四诚相连，不独富有[1]固两边。阴阳协调和无间，君臣相辅果满圆。

注释：

①不独富有：不独享富贵。

解说：九五寓意是身为上级，如以诚信加强与下属的合作，则无往不利。如是君臣，其相合如鱼得水。命理认为九五是一吉爻，传说得者运气亨通、吉利，百事称心。

上九

上九雨水下满庭，阳刚之德失平衡。六四妇阴正转厉，犹如月亮将满盈。君子此时有所虑，免除凶患不战征。

解说：在义理方面，告诉人们物极必反，阴阳的相和谐可能转化为对抗状态，此时应该避免让阴阳和谐变成阴阳对立。命理认为上九是一平爻，传说得者会犯小人，宜修身养性，不冒进才能免于灾难。

第十篇
诗化履卦

一、原文

履，履虎尾，不咥人，亨。

《彖》曰：履，柔履刚也。说而应乎乾，是以履虎尾不咥人，亨。刚中正，履帝位而不疚，光明也。

《象》曰：上天下泽，履；君子以辨上下，定民志。

初九，素履往，无咎。

《象》曰：素履之往，独行愿也。

九二，履道坦坦，幽人贞吉。

《象》曰：幽人贞吉，中不自乱也。

六三，眇能视，跛能履，履虎尾，咥人，凶，武人为于大君。

《象》曰：眇能视，不足以有明也。跛能履，不足以与行也。咥人之凶，位不当也。武人为于大君，志刚也。

九四，履虎尾，愬愬终吉。

《象》曰：愬愬终吉，志行也。

九五，夬履，贞厉。

《象》曰：夬履贞厉，位正当也。

上九，视履考祥，其旋元吉。

《象》曰：元吉在上，大有庆也。

二、诗化履卦

巧踏虎尾不咬人，上天下泽履步轻。兑柔承刚应乎乾，管辖国事正光明。君子遵礼明大义，战战兢兢履薄冰。能辨上下向前去，可定民心险无惊。

义理浅释：履卦包含履行、化险、守礼和以柔克刚的智慧。行事会遭遇风险，所以要小心翼翼，如履薄冰。只要谨言慎行，遵循既成礼仪，不做违法违规和违反道德的事，必能化险为夷，走向人生坦途。履卦也是代表如何躬身行事而有惊无险的智慧。

象数浅释：传统认为履卦是一平卦，卦象是踏到老虎尾巴却没有受到伤害，运气维持亨通。得履卦之人虽然有惊无险，但应该从礼行事，量力而为，安守本分。不刚愎自用，戒逞强冒进，便可逢凶化吉。婚姻会修得正果。

初九

初九守本分，独行应无咎。坚持己志愿，收获可丰厚。

解说：此爻义理即初入社会，应以质朴态度投身实践。特立独行，不受世风影响，坚持下去终有好报。命理认为初九是一平爻，传说得者若营谋有道，则财利日增。

九二

九二履坦途，得中不刚躁。守正甘安静，不乱有吉报。

解说：九二寓意，当大大方方地走在平坦大道时，内心也应对各种可能出现的危险考虑周全。如坚守正中，不求闻达，不受世俗干扰，便得吉祥。命理认为九二是一平爻，传说得者应修身养性，安闲自乐。

六三

六三独目视难明，足跛能行行不定。履虎尾巴必凶险，阴居阳位位不正。刚愎自用一武人，欲为君王不相称。

解说：此爻寓意即假如处于弱势和弱位，切勿轻举妄动，逞匹夫之勇。处弱宜守、宜顺，盲目冒险必然招来凶险。命理认为六三是一凶爻，传说得者会有争讼及囚狱之扰，宜退守。

九四

九四阳居阴，愬愬[①]倍小心。虽踏老虎尾，终吉志可伸。

注释：

①愬愬：战战兢兢。

解说：九四寓意即伴君如伴虎，但如果有足够的智慧，小心谨慎，刚柔并济，“老虎”之旁不出岔子，安保其位，不乏先例。命理认为九四是一平爻，传说得者可能履险。如能温和笃实，也可免于灾祸。

九五

九五刚中拥权力，行事果断刚铁志。自专自决无所畏，长守此道必危厉。

解说： 九五寓意是虽然处于高位，但如果听不进不同意见，一意孤行，前途一定凶险。命理认为九五是一凶爻，传说得者若躁动妄行，易招灾祸，居安思危才能自保。

上九

上九行慎思周详，一生大吉不遭殃。元吉在上有福庆，履至终极乐洋洋。

解说： 上九寓意是假如行事谨慎而且能反省自身，有错必纠，谦虚柔顺，必然有好的回报，得到吉祥。命理认为此乃一吉爻，传说得者晚运畅顺，财利双全。

第十一篇 诗化泰卦

一、原文

泰，小往大来，吉亨。

《彖》曰： 泰，小往大来，吉亨。则是天地交而万物通也，上下交而其志同也。内阳而外阴，内健而外顺。内君子而外小人。君子道长，小人道消也。

《象》曰： 天地交泰，后以财成天地之道，辅相天地之宜，以左右民。

初九，拔茅茹，以其汇，征吉。

《象》曰：拔茅征吉，志在外也。

九二，包荒，用冯河，不遐遗，朋亡。得尚于中行。

《象》曰：包荒，得尚于中行，以光大也。

九三，无平不陂，无往不复。艰贞无咎，勿恤其孚，于食有福。

《象》曰：无往不复，天地际也。

六四，翩翩不富以其邻，不戒以孚。

《象》曰：翩翩不富，皆失实也，不戒以孚，中心愿也。

六五，帝乙归妹，以祉，元吉。

《象》曰：以祉元吉，中以行愿也。

上六，城复于隍，勿用师，自邑告命，贞吝。

《象》曰：城复于隍，其命乱也。

二、诗化泰卦

阴阳正位不相冲，天地相交万物通。小往大来[①]吉祥泰，上下相交其志同。内阳刚健外阴顺，君子日增小人终。君王裁成天地道，自然规律助民众。

注释：

①小往大来：阴为小，阳为大，往是向上向外，来是向内向下，阳卦是向上发展的趋势，比喻君子增小人减。

义理浅释：泰卦下卦，阳气清明而上升，阴气凝重而下沉，天地阴阳交合，万物的生养之道因之畅通。通泰之时，阴者衰而往，阳者盛而来，所以既吉祥又顺利。泰卦的寓意是国泰民安。

下乾卦如君子，上坤卦如小人。君子道长，小人道消。君子德行发扬光大，卑劣小人日暮途穷。君子越多社会越安定，小人越多社会越混乱。此外，外卦乾卦代表劲健、刚强，内卦坤卦代表顺从、柔弱。泰卦有外柔内刚、外圆内方、内秉刚健之德。泰卦包含这样的规律：万事万物均循环往复，天地交泰的同时阴阳消长，阳极必阴，盛极必衰，所以要谨慎行事，防止走极端。

象数浅释：传统认为泰卦是六十四卦中最佳卦之一。卦象是上坤下乾，泰卦象征天地之交，小往大来，万事如意，做任何事都畅通无阻。传说得泰卦者稳如泰山，大吉大利，事半功倍。不过，“泰极”可能招引“否”，应有危机意识，进德修业，将“泰”状延长。

初九

初九拔茅拔连根，九二九三齐共奔。正应六四志在外，前进吉祥阳感阴。

解说：其义理认为人在事业草创阶段，进取时最好联合多股力量，与志同道合的人一起更能得到吉祥。命理认为初九是一吉爻，传说得者因人成事，财利日增，有升迁机会。婚姻圆满，身体宜运动。

九二

九二大度又宽容，不结朋党守刚中。涉水过河不遗朋，光明正大向前冲。

解说： 义理认为如九二那样大度包容，不结党营私，但远者不弃，亲者不昵，光明正大一定吉祥。命理认为九二是一吉爻，传说得者会有好运，必遇尊贵之人相助。

九三

无平不陂[①]斜，无往不复来。九三天地际，贞正守无灾。无须多担忧，饮食畅开怀。

注释：

①陂：崎岖或斜坡。

解说： 九三寓意，没有平坦就显不出斜坡，没有以往就没有未来。太平盛世也有不平之事，何况在天地交际、事物转化间。所以要永远保持乐观心态。命理认为此乃一平爻，传说得者须谨慎自持，保守则安。不然会犯小人，事事遇阻。

六四

六四翩然来去中，不助其邻扮富翁。不需戒备守贞正，上下交合志愿同。

解说： 六四寓意，做近君之臣一定要平易近人，内心诚实，讲信用。与人交往，敞开心胸，不存戒心，必受欢迎。命理认为六四是一平爻，传说得者营谋易失利，退守则平安，如能朋友同心，谋事可成。婚姻无事，身体不用担心。

六五

六五阴柔位居君，帝王之女嫁周臣。纡尊降贵得福祉，中以行愿[1]吉永存。

注释：

①中以行愿：行中正之道实现自己的愿望。

解说：此爻寓意是用拉关系、联姻等方式增强凝聚力，并坚持中道，可获大吉大利。命理认为六五是一吉爻，传说得者万事大吉，或结婚，或生子，幸福安乐。

上六

上六泰终否欲来，由安转乱命当该。城复于隍[1]周复始，虽守贞正也患灾。天下将乱枉用师，自邑告命[2]是无奈。

注释：

①城复于隍：城墙倒塌在城壕里，比喻否极泰来。

②自邑告命："邑"通"挹"，在自己的地方发布命令。

解说：此爻寓意是泰到达终点又回到否，从好运转为厄运，这是历史发展的规律。命理认为此爻凶，传说得者会有破损、疾病。谨慎厚道者可免祸。

第十二篇

诗化否卦

一、原文

〔否〕，否之匪人，不利君子贞，大往小来。

《彖》曰：否之匪人，不利君子贞，大往小来，则是天地不交，而万物不通也，上下不交，而天下无邦也。内阴而外阳，内柔而外刚，内小人而外君子，小人道长，君子道消也。

《象》曰：天地不交，否。君子以俭德辟难，不可荣以禄。

初六，拔茅茹，以其汇，贞吉亨。

《象》曰：拔茅贞吉，志在君也。

六二，包承，小人吉，大人否亨。

《象》曰：大人否亨，不乱群也。

六三，包羞。

《象》曰：包羞，位不当也。

九四，有命无咎，畴离祉。

《象》曰：有命无咎，志行也。

九五，休否，大人吉，其亡其亡，系于苞桑。

《象》曰：大人之吉，位正当也。

上九，倾否，先否后喜。

《象》曰：否终则倾，何可长也。

二、诗化否卦

否是闭塞不利君，大往小来物不生。阴柔在内阳在外，得志掌权是小人。小人在内君子外，邦国混乱天下阴。天地不交君收敛，避难荣禄外置身。

义理浅释：否卦是代表闭塞变坏而万事隔绝，其卦象是内阴而外阳，内柔而外刚，内小人而外君子。象征阴柔小人掌握了权势，阳刚君子被排斥在外，正道无法践行。据历史阴阳消长之理和物极必反的规律，久治必有乱，久乱必有治，所以“否”到极致就是“泰来”。

象数浅释：传统认为否卦是六十四卦中最不吉利的卦之一。否卦卦象是上乾下坤相叠，乾为天，天上升，地为坤，坤向下，上升下降，表示天地不通，万事隔绝，阴盛阳衰。传说得此卦者会诸事不利，事倍功半，发展遭遇瓶颈。不过，在艰难时刻如能居卑示弱，韬光养晦，会化危机为机遇。婚姻有离异之可能。

初六

初六拔草连带根，共同守正有吉音。待机而动避险危，虽处下位志在君。

解说：初六寓意为处境不利时不能有大动作，要注意结交志同道合的朋友，谋定而后动。命理认为此乃一平爻，传说得者宜守旧，谨防被小人连累。

六二

六二否来利小人，包容承受向上升。大人不与小人混，便可亨通不乱群。

解说：六二寓意为在小人得志之时应该甘居闭塞之地，洁身自好以待转机。命理认为六二是一平爻，传说得者宜忍耐，宽容待人，不然会生是非。

六三

六三位不当，容垢内包藏。不中又不正，无耻需提防。

解说：六三位如媚上欺下的小人，不知廉耻。命理认为六三是凶爻，传说得者有是非争诉，会受羞辱，应谨慎自守。

九四

拥有天命吉无咎，九四将济福同畴。施行其志求主动，否将变泰又回头。

解说：义理告诉人们，环境转否为泰时，应该把握时机，迅速行动，团结大家，帮助上级谋求发展。命理认为九四为一吉爻，传说得者好运临门，财产日增，吉庆安乐，婚姻吉祥，身体健康。

九五

九五居尊位正当，居安思危念存亡。否极泰来大人吉，飞散众鸟聚苞桑[①]。

注释：

①苞桑：根深难拔的丛生桑树。

解说： 此爻寓意，即使小人当道的局面已去，好人重新当政，否极泰来出现，也要居安思危，防止坏事情再度发生。命理认为九五是吉爻，传说得者旧祸将去，好运将来，诸事皆吉。

上九

上九否极终将倾，不应等待把机乘。先否后喜天之道，人道加劲把泰迎。

解说： 上九爻寓意，物极必反，苦尽甘来，这时更应顺势而起，不再被动等待，以无坚不摧之力求取突破。命理认为上九是平爻，传说得者会转好运，讼事可结，日后亨通。

第十三篇

诗化同人卦

一、原文

〔同人〕，同人于野，亨。利涉大川。利君子贞。

《彖》曰： 同人，柔得位得中而应乎乾，曰同人。同人曰，同人于野，利涉大川，乾行也。文明以健，中正而应，君子正也。唯君子为能通天下之志。

《象》曰： 天与火，同人。君子以类族辨物。

初九，同人于门，无咎。

《象》曰： 出门同人，又谁咎也。

六二，同人于宗，吝。

《象》曰： 同人于宗，吝道也。

九三，伏戎于莽，升其高陵，三岁不兴。

《象》曰： 伏戎于莽，敌刚也。三岁不兴，安行也。

九四，乘其墉，弗克攻，吉。

《象》曰： 乘其墉，义弗克也。其吉，则困而反则也。

九五，同人先号咷而后笑，大师克相遇。

《象》曰： 同人之先，以中直也。大师相遇，言相克也。

上九，同人于郊，无悔。

《象》曰： 同人于郊，志未得也。

二、诗化同人卦

广结野[①]众是同人，同心同德好运临。柔得中位应乎乾，利涉大川向前奔。

君子只要行正道，理可一统天下心。天火亲和同人卦，物以类聚人群分。

注释：

①野：远郊。

义理浅释： 大同卦包含了求同存异的智慧。“大同”用现代的语言表述就是团结。团结不是强求千人一面，而是追求多样性的综合，追求对立面相互渗透的统一。大同的思想对后世的影响巨大。同人之道应是柔顺与刚健两种品格和衷共济。不过，“和”指的是君子坚持正道，与小人狼狈为奸不可等量齐观。

象数浅释： 传统认为同人卦是上卦。这个卦上乾为天，为君；下离为火，为臣民，为百姓。上下和谐，同舟共济。得此卦者事业顺利，出外平安，特别是在与人合作时会容易得到帮助。不过，不可顽固气盛，偏私失正。

初九

初九出门口，同人必无咎。广博无偏私，定得神保佑。

解说：初九为同人卦之始，它告诉人们：出道，与人同心同德，当无灾而有利。做事，到民众中去，求贤若渴，亦必有利。命理认为此乃一平爻，传说得者运程平顺，可与人合伙营利。

六二

六二同人限同宗，其道狭窄非真同。此道难免有忧吝，尽管正应又得中。

解说：六二说明，同人之道在于广泛团结各方，如果唯亲是用便无法集思广益，结果会有危险。命理认为六二是一凶爻，传说得者与人不和而多受猜忌，容易惹是生非。

九三

九三伏兵在密林，控制高点御敌人。刚应上九力难支，三年不胜考耐心。

解说：九三寓意在敌人强大时不应鲁莽冲动行事，需要等待时机才能出击，才可免于失败。命理认为九三是凶爻，传说得者有丧亲、打官司、被免职之患，运程需要等待才转好。

九四

九四攻其墙，不攻反吉祥。有困能知返，守正可救亡。

解说：九四寓意，陷困境时应反躬自省，不要出击，力求自保。命理认为九四是一平爻，传说得者遭亲友猜忌，退守、戒妄动，才能得吉祥。

九五

九五居中性正直，要会六二需用力。先哭后笑终团结，相克相遇再胜敌。

解说：此爻告诉人们，寻找志同道合者会遇到阻力，不轻言放弃才能达到目的。命理认为九五是平爻，传说得者先难后易，最后得偿所愿，有情人终成眷属，身体先危后安。

上九

上九同人志未酬，虽未得吉无悔忧。于郊不及于野远，天下至公未能求。

解说：上九寓意，虽然不得志，但只要甘于平淡，无非分之想，便不会产生悔恨。命理认为上九是平爻，传说得者宜守常，如不激进，即诸事无碍。

第十四篇
诗化大有卦

一、原文

大有：元亨。

《彖》曰：大有，柔得尊位大中而上下应之，曰大有。其德刚健而文明，应乎天而时行，是以元亨。

《象》曰：火在天上，大有。君子以遏恶扬善，顺天休命。

初九，无交害，匪咎，艰则无咎。

《象》曰：大有初九，无交害也。

九二，大车以载，有攸往，无咎。

《象》曰：大车以载，积中不败也。

九三，公用亨于天子，小人弗克。

《象》曰：公用亨于天子，小人害也。

九四，匪其彭，无咎。

《象》曰：匪其彭，无咎。明辩晳也。

六五，厥孚交如，威如，吉。

《象》曰：厥孚交如，信以发志也。威如之吉，易而无备也。

上九，自天祐之，吉无不利。

《象》曰：大有上吉，自天祐也。

二、诗化大有卦

大有收获是元亨，火焰天上万物生。柔得尊位上下应，抑恶扬善替天行。其德刚健而文明，顺应天命事能成。火在天上大有卦，大地五谷齐丰登。

义理浅释：大有，可理解为有大，即无所不包，其涵盖精神文明和物质文明，表示国家昌盛繁荣、百姓富庶。大有，也是富有的智慧，大有的思想含有中国人很早就提出的“均富共享”主张。虽然是物归我有，谷仓满溢，但不可独自占有。而在现今要创建大有或长保大有，应以基层厚实的物质文明为基础，以上层良好的道德文明为统御之力，不同阶层人士共享以上两方面的财富。

象数浅释：从象数看，传统认为大有卦是上上卦，本卦下卦为乾为天，上卦为离为火，火在天上，光明照四方。得者利于投资、合伙和感情。大有这个吉卦表示收获甚多。付出努力，即愿望可期。大有卦预示得时得运，隆盛昌荣。不过，传说此卦象也藏盛极必衰的征兆，不得不慎。如要保持全盛态势，就不可骄纵。

初九

大有初九地位低，不交上流不危机。艰辛自守不骄侈，无咎无害吉可期。

解说：初九寓意，如地位低下，不要涉入上层利害之争。前途虽不顺，但谨言慎行就没有灾难。命理认为初九是一平爻，传说得者可能心绪不定，遭宵小欺凌，人生艰辛。

九二

九二阳中应阴中，大车以载①谦能容。尽管震击不覆败，无往不利向前冲。

注释：

①大车以载：大车满载向前进。

解说：九二寓物质财富丰厚和学问渊博之意，社会上可有作为，稳定向前，无往不利。命理认为九二是吉爻，传说得者营谋顺遂，财利丰厚。

九三

九三为臣为王公，富物奉献天子用。若是小人不合适，宴请小人祸根种。

解说：九三寓意，有地位者要做正直的人，不做小人，也不与小人为伍。命理认为九三是平爻，传说得者有可能名利与灾难并至。千万不能亲近小人。

九四

盛富不骄理穷通，庙门求神避祸凶。九四以刚居柔位，明智犹如日方中。

解说：九四寓意，身处高位，要秉持谦柔品质，不能骄傲自大。明辨是非便可保无灾无难。命理认为九四是平爻，传说得者宜守盈保泰。知足便不受伤害。

六五

平易和人可立威，孚诚相交不吃亏。六五九二心相应，坦诚无私吉不危。

解说： 六五寓意，作为首脑，既有刚健威严的气象，也能坚守诚信，个性温和，平易近人。如此，便能团结下属，取得成功。命理认为六五是一吉爻，传说得者能服众人，晚运亨通，但要戒骄戒躁以免除祸殃。

上九

上九得天祐，大有吉无咎。卦主富不骄，极盛富长有。

解说： 上九寓意，虽因获荫护而富有，但也应明白盈满则溢、盛极则衰的规律。所以，要富而不骄，慎终如始，才可保长期大有。命理认为上九是吉爻，传说得者有上天保佑，一路好运。

第十五篇
诗化谦卦

一、原文

谦，亨，君子有终。

《彖》曰： 谦亨。天道下济而光明，地道卑而上行。天道亏盈而益谦，地道变盈而流谦，鬼神害盈而福谦，人道恶盈而好谦。谦，尊而光，卑而不可逾，君子之终也。

《象》曰： 地中有山，谦。君子以裒多益寡，称物平施。

初六，谦谦君子，用涉大川，吉。

《象》曰：谦谦君子，卑以自牧也。

六二，鸣谦，贞吉。

《象》曰：鸣谦贞吉，中心得也。

九三，劳谦，君子，有终，吉。

《象》曰：劳谦君子，万民服也。

六四，无不利，㧑谦。

《象》曰：无不利，㧑谦，不违则也。

六五，不富以其邻，利用侵伐，无不利。

《象》曰：利用侵伐，征不服也。

上六，鸣谦，利用行师，征邑国。

《象》曰：鸣谦，志未得也。可用行师，征邑国也。

二、诗化谦卦

天道下济显光明，地道卑而往上升。天地道皆喜谦逊，人鬼道皆恶骄盈。君子谦道尊而光，卑不越轨受欢迎。地下有山为谦卦，取多益寡物施平。谦卦亨通无不利，君子坚守大功成。

义理浅释：孔子以天人合一的观念解释谦卦，认为人道、地道、天道都是恶盈而好谦。用现代的方式表达，就是人类社会的规律与自然的规律存在共性。谦卦表示君子应该有“谦”的德行，愈是韬晦愈是光显，这就所谓君子有终。谦虚也是保护自己的好方法，如此才会善始善终。古往今来，大德之人必有谦德。因为谦卑，所以平易近人；因为谦和，所以受人爱戴；因为谦让，所以有好人缘。人心系于人缘，得人心得天下。谦卦是谦德的智慧。

象数浅释：谦卦的卦象是山在地下，山如此巍峨反而处在地的下面，以此象征“谦”的德行。山藏在地下，不露不显，表现低调谦逊。在《周易》六十四卦中，唯有谦卦被认为是六爻无凶之卦。在这一卦象下，干什么事情基本上都是大吉大利，不会出现什么过错，跟随他人也会吉利。不过，得此卦者更应去除骄矜之气，要敬人戒势利，敬业戒懈怠，敬物戒奢华，谦而不媚不傲。如此，便万事皆成，后福十足。

初六

初六君子谦又谦，谦谦之德涉大川。卑躬自养持不懈，能度千难吉永年。

解说：初六寓意，入世未深，宜加倍谦逊，以此态度做事，百利无一害。命理认为初六为平爻。

六二

居中又守正，六二谦德鸣[1]。谦卑自内心，其道正光明。

注释：

①鸣：共鸣。

解说：六二寓意，谦虚发自内心方为正道，并非勉强装出，这才是君子之谦。如此，谦声能外传，远近得闻。命理认为六二是吉爻，传说得者不宜轻举妄动，宜退守。做官会升迁，读书会成名。

九三

一阳卦当中，谦逊不居功。品高万民服，九三吉永隆。

解说：九三寓意，尽管身居高位，大权在握，也要谦卑退让，有功劳也不要倨傲，如此，才得众人拥戴敬服。命理认为九三乃一吉爻，传说得者营谋得利，但要劳心劳力。

六四

谦道得发挥，六四利不危。合规不违法，不恭不卑微。

解说：此爻寓意，对谦虚的人勿高傲，对高傲的人勿谦虚，坚持守正、适中的法则。不可不谦，亦不可过谦。命理认为六四是一吉爻，传说得者无所不通，但太盛则过。

六五

六五不富与其邻[①]，遇有不服利伐侵。亦文亦武亦谦道，以武辅德也圣人。

注释：

①不富与其邻：不必散财给邻国。

解说：六五寓意，谦道并不是一味谦让，对一些骄纵蛮横势力也应以适当力量制服，否则便是姑息养奸，任其坐大。命理认为此乃一平爻，传说得者会获得贵人帮助从而成事获利，但须谨防生出祸端，或与人兴讼。

上六

上六鸣谦[①]志未得，利用王师作征克。征克适宜征邑国[②]，克伐邻邦扬美德。

注释：

①鸣谦：以谦逊闻名。

②邑国：诸侯国。

解说：上六寓意，光靠谦让解决不了所有问题，即使谦名远播，有时谦让之术的作用有限，决定性因素往往是实力。命理认为上六是一平爻，传说得者有争诉之扰，但清者自清，不辩自明。

第十六篇
诗化豫卦

一、原文

豫，利建侯行师。

《彖》曰：豫，刚应而志行，顺以动，豫。豫，顺以动，故天地如之，而况建侯行师乎！天地以顺动，故日月不过而四时不忒。圣人以顺动，则刑罚清而民服，豫之时义大矣哉。

《象》曰：雷出地奋，豫。先王以作乐崇德，殷荐之上帝，以配祖考。

初六，鸣豫，凶。

《象》曰：初六鸣豫，志穷凶也。

六二，介于石，不终日，贞吉。

《象》曰：不终日贞吉，以中正也。

六三，盱豫悔，迟有悔。

《象》曰：盱豫有悔，位不当也。

九四，由豫，大有得，勿疑。朋盍簪。

《象》曰：由豫大有得，志大行也。

六五，贞疾，恒不死。

《象》曰：六五贞疾，乘刚也。恒不死，中未亡也。

上六，冥豫，成有渝。无咎。

《象》曰：冥豫在上，何可长也？

二、诗化豫卦

一阳五阴豫结构，豫利征师封诸侯。天地圣人顺而动，日月四时不过头。刑罚分明万民服，顺应时序豫无忧。雷鸣大地震万物，祭祖崇德乐不愁。

义理浅释：豫卦包含安逸、快乐、预备、预计之义。它告诉我们：快乐的原则是适中，千万不要过分。如初六爻一开始就自鸣自得，快乐过头，便有问题。另外，欢乐要与忧患始终保持联系，不要总想着欢乐，也不要过分享乐，而要有忧患意识和危机意识。如孟子言：“生于忧患，死于安乐。”最后，快乐之源在于独特性、差异性，要有阴阳的聚合。治者与民同乐，大家的快乐，才是真正的快乐。

象数浅释：豫卦基本上被认为是一吉卦，震为雷，坤为地，雷生于地，预示春天来临，春雷乍响，大地震动，万物复苏，一派欣欣向荣。豫卦在古时利于封侯立业，兴兵作战。在现代，表示机会来临，要注意把握，做好准备，专心投入。关键时刻千万不要因有了一点成绩就松懈倦怠，以防功亏一篑。传说得此卦者无论在事业、学业、婚姻上都会吉利。不过，豫象存险阻，做事要谋定而后动，不要追求大全。保持意志旺盛，不能陷入怠惰而致大势失控。

初六

自鸣得意安逸风，沉溺玩乐志短穷。初六志满忘所以，小人得意果必凶。

解说：初六寓意，如果地位低下，德行修养不够，但自鸣得意，贪图享乐，必会蹈入险境。命理认为初六是一凶爻，传说得者若得意忘形会遭困境，并有口舌之争。婚姻防变。身体恐有不适。

六二

六二坚如石，阴爻居阴中。欢豫不终日，贞正吉永隆。

解说：六二寓意，得位得中，如果不过分追求享乐，能坚守正道，心坚如磐石，必获吉祥的结局。命理认为六二是一吉爻，传说得者其志若坚定，便能获利成名。

六三

柔居阳位往上望，六三有悔位不当。优柔无断悔意慢，最终受罚坏下场。

解说：六三寓意，小人媚上欺下，靠这种手段虽可获荣华富贵，但最终不会有好下场。命理认为六三是凶爻，传说得者投机取巧，得不到好报。

九四

九四一阳应众阴，如簪拢发聚友亲。喜乐自来大有得[①]，不用犹疑志可行。

注释：

①大有得：大有所得。

解说：九四寓意，如得众人拥护，喜乐自来，会有大的收获。命理认为九四是一吉爻，传说得者大运正行，成名获利。

六五

六五居尊柔弱君，久病不死有辅臣。居中乘刚存中气，虽患疾病未亡人。

解说：六五寓意，若君主无能，一味依赖强臣，贪图享乐，就只能通过维持各种势力之间的平衡苟延残喘。命理认为六五是一凶爻，传说得者性柔弱，多生事端，甚至有灾难。

上六

沉迷欢豫图享受，欲居上位怎长久。上六恶行若能改，身处险境可无咎。

解说： 上六寓意，贪恋欢乐过了头，如能及早发现，改过便无事。命理认为上六是一平爻，传说得者贪图享受，心气又高，会出问题，或遭诉争之扰，若能改旧从新则可化解。

第十七篇
诗化随卦

一、原文

随：元亨，利贞，无咎。

《彖》曰： 随，刚来而下柔，动而说，随。大亨贞无咎，而天下随时，随时之义大矣哉！

《象》曰： 泽中有雷，随。君子以向晦入宴息。

初九，官有渝，贞吉，出门交有功。

《象》曰： 官有渝，从正吉也。出门交有功，不失也。

六二，系小子，失丈夫。

《象》曰： 系小子，弗兼与也。

六三，系丈夫，失小子，随有求得。利居贞。

《象》曰： 系丈夫，志舍下也。

九四，随有获，贞凶。有孚在道，以明，何咎？

《象》曰： 随有获，其义凶也。有孚在道，明功也。

九五，孚于嘉，吉。

《象》曰： 孚于嘉吉，位正中也。

上六，拘系之，乃从维之，王用亨于西山。

《象》曰： 拘系之，上穷也。

二、诗化随卦

刚居柔下随悦动，随遇而安可亨通。坚守正道无灾咎，顺应时势天下从。泽中雷动君无忧，随时之义大无穷。元亨利贞加无咎，随缘随心吉永隆。

义理浅释：随卦蕴含交友的智慧、选择的智慧和随机应变的智慧。其思想包括：凡事要遵照客观规律（天道），有随人、随心、随事、随时和随遇而安的智慧。强调“随人”须慎重。用现代的语言来说，就是择善而从，即“跟对人”。有新解认为随卦的“随”意为追捕逃犯。

象数浅释：随卦被认为是一吉卦，卦象是：上为兑泽，下为震雷。一刚一柔，合在一起反而显得随和。震为动，兑为悦，愉悦跟行动也在“随”的意思内。传说得此卦者诸事顺利，事业、投资理财、感情均有令人满意的发展与收获。此卦也含变动、变化之意，所以不能固执己见，应该和气待人，从善如流。

初九

初九官有变，守正吉必然。出门交有功，利好正不偏。

解说：初九寓意，身居下层时，要与大家打成一片。如能体察民间疾苦，磨炼自己，则不会有过失。命理认为初九为吉爻，利变动，传说得者多获利。

六二

六二随小人，注定失夫君。两者难兼得，损阳若系阴。

解说：初六寓意，同小人过从太密，便会失去正人君子，得不偿失。命理认为初六是一凶爻，传说得者形势不利，可能受小人暗算，有纠纷。

六三

六三随阳系夫君，舍却六二远小人。以阴随阳求易得，坚持守正不失衡。

解说：六三寓意，穷女子嫁豪门，想维持关系必须坚守忠贞之道。命理认为六三是平爻，传说得者如守正道，则求财求名皆吉。

九四

九四近君六三从，虽守正道也有凶。坚持真诚可解咎，光明磊落终有功。

解说：九四寓意，有了地位和威望，并有很多追随者，虽是好事，但假如不注意，导致功高震主，就不是好事。所以居高位要懂得坚守正道，谦虚修炼。命理认为九四也是平爻，传说得者吉凶互见，守正道可化凶为吉。

九五

九五至诚感天下，居中得正孚于嘉[①]。唯善是从遂心愿，吉祥如意不偏差。

注释：

①孚于嘉：诚心从善。

解说：九五寓意，身居尊位者如不刚愎自用，从善如流，可成为优秀的领导者。命理认为九五是一吉爻，传说得者诸事皆吉，多喜庆之事。

上六

上六不愿跟王走，惨被捆绑或堪愁。被王差遣西山祭，随顺之道见尽头。

解说：上六寓意，随从之道发展到尽头，“随”变“不随”。这种情况下，随可能是因受迫，或被感化。命理认为上六是一凶爻，传说得者困难重重，苦楚多多，生活很不如意。

第十八篇 诗化蛊卦

一、原文

蛊，元亨。利涉大川。先甲三日，后甲三日。

《彖》曰：蛊，刚上而柔下，巽而止，蛊。蛊元亨而天下治也。利涉大川，往有事也。先甲三日，后甲三日，终则有始，天行也。

《象》曰：山下有风，蛊。君子以振民育德。

初六，干父之蛊，有子，考无咎，厉终吉。

《象》曰：干父之蛊，意承考也。

九二，干母之蛊，不可贞。

《象》曰：干母之蛊，得中道也。

九三，干父之蛊，小有悔，无大咎。

《象》曰：干父之蛊，终无咎也。

六四，裕父之蛊，往见吝。

《象》曰：裕父之蛊，往未得也。

六五，干父之蛊，用誉。

《象》曰：干父用誉，承以德也。

上九，不事王侯，高尚其事。

《象》曰：不事王侯，志可则也。

二、诗化蛊卦

山下有风蛊卦临，阳刚在上下柔阴。柔顺而止治大乱，天下从沌得焕新。先甲后甲[①]皆三日，先劳后获警世人。遇事不畏勇涉险，利越大川向前奔。君子若处蛊乱世，培育民德振民心。

注释：

①先甲后甲：指前后皆为吉日。

义理浅释：蛊卦虽然象征积弊已久，腐烂衰败，但也预示新生力量诞生，并且可能结束混乱局面，展现建立新功业的机遇。一方面，蛊卦预示祸起萧墙，内部结构也可能出现严重问题。另一方面，它揭示：若能大刀阔斧，革故鼎新，将旧世界推倒重来，便会开辟出一片新天地。也有一种新解认为蛊卦的“蛊”是父母淫乱。

象数浅释： 传统认为蛊卦属于中中卦，是相叠的异卦。蛊引申为多事、混乱。蛊指因循日久至腐化腐烂，非洗心革面，不足以挽救危机，重振事业。传说得此卦者在事业、经商、求职、外出、婚姻方面都不太顺利，但在宣传、广告、传媒、招商引资等行业，发展较为容易。

初六

初六为父纠过失，有子如是免灾疾。干父之蛊[①]承父志，心存危厉终得吉。

注释：

①干父之蛊：纠正父辈的过失。

解说： 初六寓意，蛊害如旧时积习，是上代人造成的，需要下一代人纠正。纠正虽有危险，但势在必行，纠正最终会带来好处。命理认为初六是一吉爻，传说得者会受祖先庇佑，营谋遂意。

九二

九二之位刚系柔，干母之蛊[①]不过头。莫须固执守贞正，中庸之道果更优。

注释：

①干母之蛊：纠正母亲的过失。

解说： 九二寓意，纠正前辈领导的过失，不可操之过急。运用中庸之道，委曲周旋，方能取得最佳效果。命理认为九二是一平爻，传说得者改旧从新，则会如意。婚姻得佳妇。身体成年易得寒症，少年宜补气。

九三

九三干父把错纠，虽小有悔不用愁。巽体在下刚阳气，归根结底无深忧。

解说：九三寓意，整治先辈的弊端若出手过于刚猛，恐遭遇挫折。但由于行为正直，经过调整策略，即使犯这种小过错，也无大碍。命理认为九三是一凶爻，传说得者躁进则失，不听信谗言则无碍。

六四

六四柔居阴，难以纠父昏。敷衍想了事，治蛊蛊更深。

解说：六四寓意，治弊假如过于宽松，或胆小怕事，或得过且过，或敷衍了事，便会养虎为患。长期拖延，小过更会变大灾。命理认为六四是一凶爻，传说得者事事见忧。

六五

六五位尊质阴柔，刚柔相济纠父咎。干蛊用德保父誉，德承父业更优秀。

解说：六五寓意，用刚柔并济的中庸之道治弊，恰到好处，因此取得成功。命理认为六五是一吉爻，传说得者多喜庆之事，家中或增人口。

上九

上九不肖侍王侯，功成身退志无忧。置身治蛊世事外，专治人心作清修。

解说：上九寓意，治弊成功后，便可全身而退，避开名利之争，保持高洁，以保善终。命理认为上九是一平爻，传说得者宜守旧。好运者，多遇尊贵之人，能获得提拔。

第十九篇
诗化临卦

一、原文

临：元亨利贞。至于八月有凶。

《彖》曰：临，刚浸而长，说而顺，刚中而应。大亨以正，天之道也。至于八月有凶，消不久也。

《象》曰：泽上有地，临。君子以教思无穷，容保民无疆。

初九，咸临，贞吉。

《象》曰：“咸临贞吉”，志行正也。

九二，咸临，吉，无不利。

《象》曰：咸临吉无不利，未顺命也。

六三，甘临，无攸利。既忧之，无咎。

《象》曰：甘临，位不当也。既忧之。咎不长也。

六四，至临，无咎。

《象》曰：至临无咎，位当也。

六五，知临，大君之宜，吉。

《象》曰：“大君之宜”，行中之谓也。

上六，敦临，吉无咎。

《象》曰：敦临之吉，志在内也。

二、诗化临卦

刚阳渐长卦为临，坚持守正可大亨。刚中顺应阴阳合，阴阳消长天道行。八月有凶阳不久，泽上有地阴气增。君子无尽施教化，容民保民是永恒。

义理浅释：临卦关乎统治和管理的智慧，用现代的语言说就是领导的艺术。宗旨是强调道德的重要性，首先是在位者要道德高尚，成为典范，为人景仰；其次是道德力量的发展。由于阳刚渐长，阳道向盛时，要教化民众，振奋信心。做领导要用智慧取胜，不能光用小恩小惠拉拢，要恩威并重。居要位要把握“好”的准则，由于存在阳长阴消和阴长阳消的变数，故须特别注意事物向相反方面的转化。故要居安思危，善守成，把握机会。亲近下属，以德服人，求长治久安。

象数浅释：传统认为临卦属于中上卦。这个是下兑上坤相叠的异卦。坤为地，兑为泽，地高于泽，泽容于地。喻君主亲临天下，治国安邦，上下融洽。传说得此卦者事业得逢成功的极好时机，经商会顺利，有所获，求名与外出均佳。婚恋可加紧进行，如双方以诚信相待可得美满和谐姻缘。不过，此卦含阳消之势，怕好景不长，会有凶险。应该保持忧患意识，居安思危，清醒地看到盛极而衰的隐患，采取有效的措施预先防范，要做好应付危机的准备。

初九

初九正居阳，守正便吉祥。德临应六四，志行皆可彰。

解说：初九寓意，初上任的领导，思想行为要端正，用感化的方法统领下属。如能与高层配合，一定有好的结果。命理认为初九是一吉爻，传说能交好运，营谋得意，守正大吉。

九二

九二阳盛感化临，吉无不利未应君。居中得正虽违命，谦柔顺势可督民。

解说：九二寓意，虽然违背了上级的命令，但只要待下属以谦柔和顺，就不会出现不利的结果。还有“将在外，君命有所不受”的意思。命理认为九二也是吉爻，传说得者运气正佳，并获贵人之助。

六三

不中不正阴居阳，六三甘临[1]不正常。无德之临无所利，知危而忧咎不长。

注释：

①甘临：指口舌之甘取悦下面。

解说：六三寓意，虽然有权位，但若瞒上欺下，自食其言，无德行，便会丧失威信，招来怨恨。改弦易辙，知危而忧，当可挽回败局。命理认为六三是一凶爻，传说得者有忧虑，会受苦。但若知错能改可转运。

六四

六四阴居阴，位正好至临[①]。亲临理国事，无咎可放心。

注释：

①至临：是指用最接近的方法而亲临。

解说：六四寓意，如身为领导，深入下层，亲近下属，体察民情，当无灾咎。命理认为六四是一平爻，传说得者有好运，人情和谐，经营得利。

六五

六五智慧临，此法宜人君。行事守中道，吉祥有原因。

解说：六五寓意，领导者如用智慧统领下属，行中庸之道，以柔克刚，则无往不利。命理认为六五是一吉爻，传说得者万事如意，五福临门。

上六

上六君临用敦厚，以柔顺刚吉无咎。笃诚为民志在内，刚柔并济得长久。

解说：上六寓意，处于高位的领导，退休和退隐后，与平民多接触，以敦厚之道扶助现任领导，提出忠告。这样做，既能帮助决策者，也能保自身平安。命理认为上六也是一吉爻，传说得者获利多。但要防气势太盛，不然会转入衰运。

第二十篇
诗化观卦

一、原文

观，盥而不荐，有孚颙若。

《彖》曰：大观在上，顺而巽，中正以观天下。观，盥而不荐，有孚颙若，下观而化也。观天之神道，而四时不忒，圣人以神道设教，而天下服矣。

《象》曰：风行地上，观。先王以省方，观民设教。

初六，童观，小人无咎，君子吝。

《象》曰：初六童观，小人道也。

六二，阙观，利女贞。

《象》曰：阙观女贞，亦可丑也。

六三，观我生，进退。

《象》曰：观我生进退，未失道也。

六四，观国之光，利用宾于王。

《象》曰：观国之光，尚宾也。

九五，观我生，君子无咎。

《象》曰：观我生，观民也。

上九，观其生，君子无咎。

《象》曰：观其生，志未平也。

二、诗化观卦

大观天下逊且温，祭前盥洗有虔民。观得天道施教化，似无偏差四时匀。风行大地是观卦，王察四方教众人。观民设教服天下，看得全面看得真。

义理浅释： 观卦是观察、学习与分析、总结的智慧。一方面是让人看，需要做出榜样，以自身的德行和成就感化他人；另一方面是看别人，对下属用心观察，小心看待。观察要站得高，看得远，通过自审和观察以决定人生进退，通过接触不同层次的人去体察身边事物，借以增加知识，提升智慧与道德品质，从而纠正自己的行为，取得更大的进步。最高级的观察方法是：好像同时用几只眼睛看天下。

象数浅释： 风地观卦是乾宫四世卦，巽上坤下，巽为风，坤为地。观为观看、展示之意，卦象多主吉。观卦被认为是春风浩荡、万物滋生之象。观卦所示，虽是好事，但有不如意。就卦中各爻来说，大多主吉，除初六中平之外，其余各爻均为吉象。传说得观卦者会时来运转，喜事多，事业顺心，求谋可成。求财虽辛苦但有得，学业通过努力有所成。终生是劳碌辛勤之命。

初六

小人童观可无咎，君子童观便荒谬。六一童观属小人，目光短浅是蒙幼。

解说：初六寓意，头脑简单的小人无知识也无咎。但身为君子，若目光短浅就有问题。命理认为初六是一凶爻，传说得者初运不佳，诸事困难，但无大碍。宜防小人。婚姻乃自由结合。身体方面，小孩比大人好。

六二

六二偷观从门口，有利妇人正道守。女人偷观尚可以，君子为之便可丑。

解说：六二寓意，女子不出闺房，看事情狭窄些，但只要守正道便无大碍。如果是男人，应该开阔眼界，纵览全局。命理认为六二是平爻，传说得者女好男不好。

六三

六三观我生[①]，进退不失衡。坚持走正道，每日省己身。

注释：

①观我生：观察自己的生存环境。

解说：六三寓意，要反躬自省以决定进退。坚持正道，继续进取。命理认为六三也是平爻，传说得者须度德量力，谨慎行事。

六四

六四近九五，故能观国光[①]。志愿助朝廷，利用宾于王[②]。

注释：

①国光：指国家和君主的光辉。

②利用宾于王：利于朝见君王。

解说：六四寓意，位列辅助之臣，应该好好表现，帮助君王，做好“宾”的角色。命理认为六四是一吉爻，传说得者鸿运当头，与人交往，从事国际贸易皆有利。

九五

九五自观也观民，体察民情是明君。德化天下应无咎，民之风俗由我生。

解说：九五寓意，如果居于最高位者也能多作自我审察，能体察民意，感化民情，定能无咎大吉。命理认为九五也是吉爻，传说得者时来运转，无往不利。

上九

志在天下为己任，君子无恙观其生。上九居于高君位，同心同德忧国民。

解说：上九寓意，高位退休之人如果观察民情，了解民间疾苦，就不会有灾难。命理认为上九是平爻，传说得者大运已去，有心无力，宜躬身自省。

第二十一篇

诗化噬嗑卦

一、原文

噬嗑，亨，利用狱。

《彖》曰：颐中有物曰噬嗑。噬嗑而亨，刚柔分，动而明，雷电合而章，柔得中而上行，虽不当位，利用狱也。

《象》曰：雷电，噬嗑，先王以明罚敕法。

初九，屦校灭趾，无咎。

《象》曰：屦校灭趾，不行也。

六二，噬肤，灭鼻，无咎。

《象》曰：噬肤灭鼻，乘刚也。

六三，噬腊肉，遇毒，小吝，无咎。

《象》曰：遇毒，位不当也。

九四，噬干胏，得金矢，利艰贞，吉。

《象》曰：利艰贞吉，未光也。

六五，噬干肉，得黄金，贞厉，无咎。

《象》曰：贞厉无咎，得当也。

上九，何校灭耳，凶。

《象》曰：何校灭耳，聪不明也。

二、诗化噬嗑卦

口中有物咬嚼亨，三阴三阳刚柔分。下动上明雷电合，柔居中位向上伸。

虽不当位利刑狱，先王明罚助教民。噬嗑虽是利用狱，其道罚罪不罚人。

义理浅释：噬嗑卦除了代表全力以赴、排除万难，它还反映了古代人的法治思想，揭示治理国家不能光靠教化，还须有刑罚。管治中遇到不法分子，就一定要绳之以法。不过，此卦的核心思想在于：法治只是手段，德治才是目的。无论小惩大戒，都要守刚柔并济的中道，以感化为主。

象数浅释：传统认为噬嗑卦不是好卦。本卦卦象外为离火，内为震雷。晴天霹雳，雷声大作，被击中之物燃烧，暗示上天惩罚罪恶。传说得此卦者会诸事不顺，特别是财运不济，如果不及时检讨自身向善，革除弊端，难有转机。

初九

初九足被锁，小惩不为过。望其不再犯，自然无灾祸。

解说：初九寓意，对犯刑法者惩戒不宜过严，小惩大戒，使其不至于在犯罪路上继续走下去。貌似惩治，其实是挽救，故无灾祸。命理认为初九是一凶爻，传说得者谨言慎行，方可免灾。

六二

六二柔乘刚，咬肉鼻陷藏。用刑宜加重，严惩应无妨。

解说：六二寓意，在这个阶段，执法不能一味用柔，要施以霹雳手段，压住罪犯的气焰才能制服之。命理认为六二是一平爻，传说得者进退两难，是非不断。

六三

六三位不当，吃肉遇毒藏。虽有小麻烦，最终也无妨。

解说：六三寓意，执法者以柔弱之质处刚强之位，会碰到挫折，但如有上司支持便不致有大麻烦。命理认为六三是一凶爻，传说得者运气不佳，不易成事。

九四

九四咬干胏[①]，咬着硬金矢。利艰守正道，未光也可吉。

注释：

①干胏：带骨头的肉。

解说：九四寓意，在艰难处境中，只要内心正直，意志坚强，不轻言放弃，终有收获。命理认为九四是一吉爻，传说得者诸事皆吉，经商获利。

六五

咬嚼干肉得黄金，六五无咎刚柔匀。坚守正道慎处事，宽严兼施法治民。

解说：六五寓意，假如性格柔弱，但怀温柔仁厚心肠，则只要外显示刚毅果断，刚柔并济，宽严兼施，这样执法治民都适宜。命理认为六五是一吉爻，传说得者交好运，事事如意。

上九

何校灭耳[①]聪不明，上九凶险罪不轻。居卦之积积恶久，以儆效尤用重刑。

注释：

①何校灭耳：戴上刑枷，磨破耳朵。另有一解为戴上刑具，遮没耳朵。

解说：上九寓意，对于罪行达至极点的人，必须严办，处以重刑，以儆效尤。命理认为上九是一凶爻，传说得者须柔和处世，方保无虞，还要注意身体及安全，防小人。

第二十二篇

诗化贲卦

一、原文

贲，亨。小利有攸往。

《彖》曰：贲亨，柔来而文刚，故亨。分刚上而文柔，故小利有攸往，天文也。文明以止，人文也。观乎天文以察时变，观乎人文以化成天下。

《象》曰：山下有火，贲。君子以明庶政，无敢折狱。

初九，贲其趾，舍车而徒。

《象》曰：“舍车而徒”，义弗乘也。

六二，贲其须。

《象》曰：“贲其须”，与上兴也。

九三，贲如，濡如，永贞吉。

《象》曰：永贞之吉，终莫之陵也。

六四，贲如皤如，白马翰如，匪寇婚媾。

《象》曰：六四，当位疑也。匪寇婚媾，终无尤也。

六五，贲于丘园，束帛戋戋，吝，终吉。

《象》曰：六五之吉，有喜也。

上九，白贲，无咎。

《象》曰：白贲无咎，上得志也。

二、诗化贲卦

山下有火卦为贲，上下卦体自乾坤。文柔刚柔相交错，贲卦亨通利小文。观乎天文察时节，观乎人文教万民。用狱不应文过饰，清明政事是我君。

义理浅释：贲卦所涉，是装饰、包装和文教礼制的智慧。爱美之心人人都有，但文饰要适度，重要的还是内在的美和质朴的美。文饰与本质二者是密切结合，里外一体，不可分离的。就自然界而言，其内在本质所依据的，同样是阴阳刚柔变化交错所形成的协调并济。为了进行人文建设以化成天下，必须正确处理此二者的关系，力求文质配合恰当，无过无不及。

象数浅释：传统认为贲卦是吉卦，上卦是艮山，下卦是离火，山下有火，火照山上。传说得此卦者具有高智慧，既善于包装自己，又不为浮华的外表而迷惑，在事业上会有很大成就，婚姻中能找到极佳伴侣，健康方面也懂得保养，从而长寿。相传春秋时管仲卜得此卦，找到知己鲍叔牙。

初九

初九饰趾[①]质胜文，舍车徒步用脚行。道义不必乘车去，布衣草鞋志不更。

注释：

①饰趾：打扮脚趾。

解说： 初九寓意，处于底层的寒士要从实际出发，应保持质朴之美，要有骨气和人格尊严，宁肯徒步也不向有车者乞求。命理认为初九是一平爻，传说得者多奔波，静凶而动吉，宜脚踏实地。

六二

六二文饰修胡子，与上阳爻共一齐。文当从质不离质，一如美须依面颐。

解说： 六二寓意，胡须是一种文饰，面颊才是实质。做人还是以质为先，外表只不过是包装。当然，质朴与文饰结合便相得益彰。命理认为六二也是平爻，传说得者若有人提掖，好运可期。

九三

九三刚处两柔中，文饰润泽忌过浓。质应胜文刚不灭，坚持正道吉永隆。

解说：九三寓意，适当的文饰虽不可缺，但过分且忽略本质，便是本末倒置。命理认为九三是一吉爻，传说得者好运降临，不费力自然荣盛。

六四

六四淡饰朴归真，洁白骏马往前奔。位虽多疑终无患，来不是匪是恋人。

解说：六四寓意，文饰到一定程度应返璞归真，这时更应重质而不重文。婚嫁方面，应以质朴纯真、大方得体的装饰为美。命理认为六四是一平爻，传说得者先凶后吉，忧中有喜。虽有危险，终得安宁。

六五

六五有喜饰丘园，自然朴素帛数圈。虽有忧吝终吉祥，柔居尊位君心宽。

解说：六五寓意，身居高位而不尚奢华，清廉正派，与百姓同甘共苦，如此，自然产生一种特殊的朴素魅力，虽遇到困难，最后也得吉祥。命理认为六五是一吉爻，传说得者会遇贵人，经营获利。

上九

上九卦之首，得志吉无愁。文饰变纯白，返璞质更优。

解说：上九寓意，就本质而言，好事物发展到极致将会不好。装饰则不然，将文饰转化，达至最高的崇实境界，就是自然朴素之美，这就是中国人几千年来所推崇的返璞归真。命理认为上九是一平爻，传说得者须防好运转凶，亲属和长辈或有病危之虞。

第二十三篇
诗化剥卦

一、原文

剥，不利有攸往。

《彖》曰：剥，剥也，柔变刚也。不利有攸往，小人长也。顺而止之，观象也。君子尚消息盈虚，天行也。

《象》曰：山附于地，剥。上以厚下安宅。

初六，剥床以足，蔑贞凶。

《象》曰：剥床以足，以灭下也。

六二，剥床以辨，蔑贞凶。

《象》曰：剥床以辨，未有与也。

六三，剥之，无咎。

《象》曰：剥之无咎，失上下也。

六四，剥床以肤，凶。

《象》曰：剥床以肤，切近灾也。

六五，贯鱼以宫人宠，无不利。

《象》曰：以宫人宠，终无尤也。

上九，硕果不食，君子得舆，小人剥庐。

《象》曰：君子得舆，民所载也。小人剥庐，终不可用也。

二、诗化剥卦

山附于地阴剥阳，不利作为小人强。顺而止之勤观象，消逝盈虚天道张。君子尊尚此规律，藏器待时勿自伤。厚待下民求安宅，民安自然国吉祥。

义理浅释：关于处衰败之道而退守待变的智慧。形势利小人而不利君子时，隐藏自己，静观其变，等待时机，既不与小人同流合污，对恶势力也不作正面抗争，不冒险，不急于求成。留得青山在，不怕无柴烧。虽孤阳独存，但星星之火，可以燎原，小人到最后必灭亡。

象数浅释：传统认为剥卦是中下卦，是下坤上艮相叠的异卦。卦象五阴一阳，阴盛阳衰，高山附地，二者皆剥落，喻小人得势，君子有难。传说得此卦者事业受阻，时运不济，经商、求名皆不利，外出和婚姻都要慎重。总而言之，一生曲折，诸事不顺，甚至可能陷入险境。如要绝处逢生，则须冷静分析形势，顽强拼搏，又不能急于求成，冒险行事，还要顺应时势，提防小人。

初六

床脚剥烂初六中，基础毁灭势必凶。阴剥去阳虽开始，逐渐升级害无穷。

解说： 初六寓意，破坏力和恶势力还弱小时，要及早将其解决和消灭。如不懂得防微杜渐，及早行动，日后将酿成大害。命理认为初六为一凶爻，传说得者营谋不利，可能基础受损，或有手足之灾。

六二

六二继续阴剥阳，与上不应恐遭殃。不守正道遇凶险，小人势力必增强。

解说： 六二寓意，小人得势，其实力增强时，很难除掉，会对社会造成很大的威胁和破坏。命理认为六二也是一凶爻，传说得者营谋不利，运数持续低落。

六三

六三虽阴却应阳，继续剥落免遭殃。上下失联不同伙，虽剥却无心不良。

解说： 六三寓意，虽然追求享乐，但不结党朋，不损公害群，不作奸犯科，做好本分，所以不会有灾难。命理认为六三是一平爻，传说得者虽运气不佳，但如能自律也可免于灾咎。

六四

六四剥至床面来，上下皆阴将成灾。剥至极点势凶险，邪恶势力终下台。

解说： 六四寓意，假如重权在握，又贪得无厌，欺下瞒上，则难逃凶险的命运。命理认为六四是一凶爻，传说得者时运不济，颇为凶险，更有争诉刑克之灾。婚姻防变，身体状况颇坏。

六五

六五承阳虽非君，犹如贯鱼统众阴。获得宠信无忧虑，侍奉上九似宫人。

解说：六五寓意，重用每一位贤人，让其各施所能，让人知道自己是一个值得信服的领导副手。命理认为六五是一吉爻，传说得者运气堂皇，事无不利。妇女持内而家和万事兴。身体注意保养。

上九

上九一阳硕果存，君子受拥得车銮。小人剥庐[①]实可怨，终不可用会专权。

注释：

①剥庐：剥烂到屋庐，表示烂到透顶。

解说：上九寓意，小人众多，君子稀少，如果能化解矛盾，拨乱反正，转化危机，便可挽回颓势，转危为安。但如果继续让小人得势、占据上风，便如同屋顶被掀，灭顶之灾迫在眉睫。命理认为上九是一平爻，传说得者如谨慎、踏实、稳重，可保无忧。

第二十四篇
诗化复卦

一、原文

复，亨。出入无疾，朋来无咎。反复其道，七日来复，利有攸往。

《彖》曰：复亨。刚反，动而以顺行。是以出无疾，朋来无咎。反复其道，七日来复，天行也。利有攸往，刚长也。复，其见天地之心乎。

《象》曰：雷在地中，复。先王以至日闭关，商旅不行，后不省方。

初九，不远复，无祇悔，元吉。

《象》曰：不远之复，以修身也。

六二，休复，吉。

《象》曰：休复之吉，以下仁也。

六三，频复，厉无咎。

《象》曰：频复之厉，义无咎也。

六四，中行独复。

《象》曰：中行独复，以从道也。

六五，敦复，无悔。

《象》曰：敦复无悔，中以自考也。

上六，迷复，凶。有灾眚，用行师，终有大败，以其国君凶，至于十年不克征。

《象》曰：迷复之凶，反君道也。

二、诗化复卦

雷在地下阳复生，一元复始气象亨。顺乎自然与规律，出入无疾引亲朋。七日运行周复始，反复其道利往行。先王闭关在冬至，商旅不出君不征。

义理浅释：复卦揭示的道理包括世事轮回、万物周而复始、凤凰涅槃和起死回生。此卦也包含有迷途知返的智慧。由于一切都是重新开始，因而有利于事业上的进取。不过，大病初愈、百废待举的时候，不要操之过急，否则欲速则不达。

象数浅释：传统认为复卦是吉凶未定的中卦，也是下震上坤相叠的异卦。震为雷，为动；坤为地，为顺，动在顺中，利于前进。复卦谈的是回复，实际上揭示改正错误之道。传说得此卦者，事业上需要度过艰苦时期。经商可放手投资。求名机缘正在成熟。外出无灾无祸，且有收成。

初九

初九开始阴复阳，不远之复[①]可吉祥。斜途知返无悔悔，修身养性可增强。

注释：

①不远之复：走不远便返回。

解说：初九寓意，走上错误的道路，应及早反省，知返便得吉祥。命理认为初九是一吉爻，传说得者万事如意，经营获利，婚嫁可成，身体静养可复原。

六二

休复[1]返回可吉祥，六二处中志从阳。礼下让贤仁德者，适应潮流势必张。

注释：

①休复：美好地返回正道。

解说：六二寓意，假如形势像阳气那样向好向上发展，就一定要顺应时势，明智地跟着向前，这样一定会大吉大利。命理认为六二是一吉爻，传说得者与人共利，事业兴旺，家庭和睦。

六三

六三愁回归，理应是艰危。能改终无咎，常态可复回。

解说：六三寓意，有时犯了错被迫重回正道，虽然艰难而且心不甘、情不愿，但也应该做下去。命理认为六三是一平爻，传说得者事多反复，时好时坏。家宅常迁，体病久治不愈。

六四

六四中行众阴中，下应初九正道从。独自返复不从众，助阳行善免祸凶。

解说：六四寓意，不要像一般人一样随大流，要有独特见识，走自己的路。如认清形势，果断地回到正途可免灾祸。命理认为六四是一平爻，传说得者好运可期，营谋得利。

六五

六五高正中，敦复[1]无悔容。守道自反省，故能不废功。

注释：

①敦复：敦厚忠诚地返回。

解说：六五寓意，能以正中之道自我反省，调整自己的行为，一定不致悔恨。命理认为六五是一吉爻，得者会有积蓄，但谨防家人出意外。

上六

迷而不复势必凶，行兵出师败结终。十年国君苦征战，上六背道将途穷。

解说：上六寓意，如误入歧途，还执迷不悟，越走越远，必定遭殃。命理认为上六是一凶爻，传说得者做事乖张，诸事不顺。静吉动凶，家居不利，身体难保健全。

第二十五篇

诗化无妄卦

一、原文

无妄，元亨利贞，其匪正有眚，不利有攸往。

《彖》曰：无妄，刚自外来而为主于内，动而健，刚中而应，大亨以正，天之命也。其匪正有眚，不利有攸往，无妄之往，何之矣？天命不祐，行矣哉。

《象》曰：天下雷行，物与无妄。先王以茂对时育万物。

初九，无妄，往吉。

《象》曰：无妄之吉，得志也。

六二，不耕获，不菑畬，则利有攸往。

《象》曰：不耕获，未富也。

六三，无妄之灾，或系之牛，行人之得，邑人之灾。

《象》曰：行人得牛，邑人灾也。

九四，可贞，无咎。

《象》曰：可贞无咎，固有之也。

九五，无妄之疾，勿药有喜。

《象》曰：无妄之药，不可试也。

上九，无妄，行有眚，无攸利。

《象》曰：无妄之行，穷之灾也。

二、诗化无妄卦

天下行雷虎龙吟，不自妄为利元亨。刚自外来主于内，偏离正道不利行。居中而应动而健，天命不祐有祸眚。先王得卦勤努力，抚育万物与众生。

义理浅释：无妄卦的哲学含义有两个：一是好事不能存有奢望，即不妄想和奢求；二是坏事往往很难预测。无论哪方面，因应之法都应是遵循规则，顺其自然。用简单的话说，就是如果遵循纯正的宗旨，安分守己地做好当下的事情，那么必定会收获福报。如果动邪念，做一些不恰当的事情，那么，不但不会有助于己身，反而导致最大的坏事发生。

象数浅释：关于此卦的吉凶，有各种说法。卦象是上卦乾天，下卦震雷，意思是：苍天之下雷声大作。传说得此卦者在事业上多不顺畅，婚姻上可能遇到变故，但健康方面的运势不错。此卦暗喻由于客观条件不很成熟，如动妄念会招来祸端。宜循规守正，不作非分之想便可得平安。身体有较强的恢复能力。

初九

初九阳正位，自应不妄为。得志实已愿，吉祥无灾危。

解说：初九寓意，做事的第一步，不能妄想、妄行，一切按照天道即规律行事，定无往不利。命理认为初九为一吉爻，传说得者营谋得利，家宜迁居，婚宜入赘。如有病须外出就医。

六二

六二安分阴居阴，想求收获不耕耘。不用休耕得熟地，应未得富利前行。

解说：六二寓意，虽然运气好，但不可不劳而获。在未得到成功之前，须踏踏实实地做事。命理认为六二也是一吉爻，传说得者逢好运。

六三

无妄之灾因为牛，系于村树行人偷。六三居阳位不正，受人嫁祸邑人[①]愁。

注释：

①邑人：指同乡或同村的人。

解说：六三寓意，有时你没有做任何坏事却遭连累，所以要随时警惕，以防蒙受不白之冤。

九四

九四正道有，自然无灾咎。本身好品质，律己要坚守。

解说：九四寓意，主观上坚守正道，无妄念，祸福顺其自然。命理认为九四是一平爻，得者运气平平。宜守旧业，身体宜安养。

九五

无妄来病不用愁，胡乱试药反堪忧。九五正位阳居中，三五为巽喜心头。

解说：九五寓意，即使受到无妄之灾，也要守正安常，处之泰然。命理认为九五也是一平爻，传说得者气运正好，有病得愈，或有生育之喜。

上九

上九无妄不宜行，轻举妄动变灾眚。末路途穷无攸利，过激行为祸临顶。

解说：上九寓意，处于高位，不可胆大妄为，最好少说话、少行动、少做事。命理认为上九是一平爻，传说得者好运已过，不宜妄动或投资。家宅勿迁，年老者宜颐养。

第二十六篇 诗化大畜卦

一、原文

大畜，利贞，不家食吉。利涉大川。

《彖》曰：大畜，刚健笃实，辉光。日新其德。刚上而尚贤，能止健，大正也。不家食吉，养贤也。利涉大川，应乎天也。

《象》曰：天在山中，大畜。君子以多识前言往行，以畜其德。

初九，有厉，利已。

《象》曰：有厉利已，不犯灾也。

九二，舆说輹。

《象》曰：舆说輹，中无尤也。

九三，良马逐，利艰贞，曰闲舆卫，利有攸往。

《象》曰：利有攸往，上合志也。

六四，童牛之牿，元吉。

《象》曰：六四元吉，有喜也。

六五，豮豕之牙，吉。

《象》曰：六五之吉，有庆也。

上九，何天之衢，亨。

《象》曰：何天之衢，道大行也。

二、诗化大畜卦

刚健笃实耀光辉，尚贤畜德大有为。适可而止行贞正，不食在家[①]众贤归。利涉大川应天道，千难万险路不迷。多识前言往旧事，不犯轻进可避危。

注释：

①不食在家：不应在家吃闲饭。

义理浅释：大畜卦指向适可而止和善于积蓄的智慧。止而不止，看似停止了，实则在积极地蓄积知识和力量。此卦告诫人们，要不畏艰难险阻，努力修身养性，以丰富德业。大畜卦与小畜卦都有蓄养的意思。大畜象征大量地畜养积聚，如同大山蕴藏万物，喻治世的明君要畜养贤士，利用人才来成就大业。另一新解大畜卦是养牲口的学问。

象数浅释：传统认为大畜卦是中上吉卦。异卦相叠，乾在下，艮在上。乾为天，刚健；艮为山，笃实。畜者积聚，有积蓄和停止两种含义。大畜意为大积蓄。传说得此卦者事业、经商、婚姻、求名、外出，都基本顺利。不过，得卦者要适可而止，积德养蓄要有城府，保守机密，否则举事不成。

初九

初九有危殆，适宜停下来。德智未蓄够，不停便犯灾。

解说：初九寓意，虽有刚健之才，但如果初出茅庐，德智上积蓄未足就急于进取、贸然前进，则必有危险。命理认为初九是一凶爻，传说得者宜守旧，不然会有不测之祸。

九二

车轴脱落车停行，九二不急去追寻。居中无忧生活富，自止不前享乐心。

解说：九二寓意，假如已有一定地位和财富，就不必到处追求功名，尽可在家里享受舒适生活。命理认为九二也是一凶爻，传说得此爻者须谨防是非，应以退为进。

九三

九三良马逐轻尘，利守正道在艰辛。利有攸往[①]上合志，日闲舆卫[②]制敌人。

注释：

①利有攸往：前进方能有利。

②日闲舆卫：每日演练作战防卫。

解说：九三寓意，若想创造一番事业，便应像古代战士那样掌握好作战本领，在艰难环境中锻炼自己。只要坚守正道，就一定顺利达到目的。命理认为九三是一平爻，传说得者会受长辈重用，或知己相助。前运辛苦，后可有获。

六四

六四架牛牿[①]，轻进得约束。大吉又大利，喜如春风沐。

注释：

①牛牿：架在牛角上的横木。

解说：六四寓意，人们要从小养成好的习惯，像驯小牛一样。为此，要采用惩恶扬善的政策。命理认为六四是一吉爻，传说得者营谋有望，财富增加，有少年联姻之喜，但要防小儿得病。

六五

六五割猪齿，去势最适宜。此吉值庆贺，防患须先知。

解说：六五寓意，对恃才自傲的刚暴之人，要以柔制刚，禁暴抑盛，一似用阉割的方法制约公猪的烈性，避其锋芒，击中要害，抓到问题关键，予以解决。命理认为六五是一吉爻，传说得者营谋遂意，多有喜庆之事。

上九

上九蓄满大道通，何天之衢[①]意深浓。天道荡荡任驰骋，贤路宽广建奇功。

注释：

①何天之衢：天上道路四通八达。

解说：上九寓意，经过德才积累，自己获得提升，具通天之才，这时便应及时施展抱负，勇往直前，走上亨通发达之路。命理认为上九也是一吉爻，传说得者心想事成，好运连连。

第二十七篇

诗化颐卦

一、原文

颐，贞吉，观颐，自求口实。

《彖》曰： 颐，贞吉，养正则吉也。观颐，观其所养也。自求口实，观其自养也。天地养万物，圣人养贤以及万民，颐之时大矣哉。

《象》曰： 山下有雷，颐。君子以慎言语，节饮食。

初九，舍尔灵龟，观我朵颐。

《象》曰： 观我朵颐，亦不足贵也。

六二，颠颐。拂经于丘颐，征凶。

《象》曰： 六二征凶，行失类也。

六三，拂颐，贞凶，十年勿用，无攸利。

《象》曰： 十年勿用，道大悖也。

六四，颠颐吉，虎视眈眈，其欲逐逐，无咎。

《象》曰： 颠颐之吉，上施光也。

六五，拂经居贞吉，不可涉大川。

《象》曰： 居贞之吉，顺以从上也。

上九，由颐，厉吉。利涉大川。

《象》曰： 由颐厉吉，大有庆也。

二、诗化颐卦

养身养德皆称颐，自求口实[①]君须知。养正则吉养万物，养贤养民要合时。山下有雷是颐卦，君子慎言食节之。颐之时义也重大，千年食智君须知。

注释：

①自求口实：自己谋求食物。

义理浅释：颐卦是颐养和养生的智慧，其中包括养人和自养、养体和养德。养人为先，养己为次；养德为大，养体为小。颐卦的下三爻求人养，而且养生不养德，结果皆凶；上三爻养他人，既养生又养德，结果皆吉。养人，指帮助国家的老百姓，使他们自食其力。养己养体，用现代的语言表述是：管好自己的嘴巴，防祸从口出、病从口入。颐卦有一种新的解释认为：颐卦是一种凭两颊咀嚼动作判断凶吉的相术。

象数浅释：颐卦被认为是上上卦。卦象为异卦相叠，上卦为艮，艮为山，下卦为震，震为雷，雷出山中，恰是春暖之际，天地养育万物之时，圣人依时养贤育民，贤人修德养生。传说得此卦者，求财、婚姻皆可成，但任何事情都应该靠自己的追求和奋斗，不能太过依赖他人，而且，不可使用不光彩的手段谋取利益。应该遵循正道，自食其力。饮食和语言方面，要有所节制，避免胡言乱语、暴饮暴食。

初九

初九舍自养灵龟[①]，观我朵颐[②]必凶危。不安平淡窥富贵，不可取也不应为。

注释：

①舍自养灵龟：放弃能自养的平淡生活。

②朵颐：用嘴动嚼食。

解说：初九寓意，假如不安于清淡平静的生活去追求功名富贵，不守正道而依赖别人，则必会有凶险。命理认为初九是一凶爻，传说得者会为争名夺利而起祸，不但婚姻不谐，还会因饮食不当致病。

六二

六二反常颠倒颐[①]，向下求吃不适宜。行失其类[②]征凶险，违经叛道不堪提。

注释：

①颠倒颐：颠倒自然作息规律，喻违反常理。

②行失其类：因为自己的行为而失去同类。

解说：六二寓意，因生活富裕而养成好吃懒做的习惯，违反养生之道，与人斗争也得不到支持，自然成不了赢家。命理认为六二是一凶爻，传说得者仕途大起大落而以凶终。

六三

六三颐养违常章，不可作为十年长。大悖其道无攸利，虽守贞正也遭殃。

解说： 六三寓意，如果违反颐养的正道，不求自养而又妄求养于人，必遭凶险，且后患无穷。命理认为六三又是一凶爻，传说得者运势低迷。

六四

六四居阴应初九，向下求养也无忧。虎视眈眈欲逐逐[①]，自上施光[②]吉无愁。

注释：

①欲逐逐：追逐欲求。

②自上施光：能得到上司的关照。

解说： 六四寓意，由于得到上下一致的支持，又有百姓的供养，如能专注于为百姓做事，不辞劳苦奔波，在社会上广施恩惠，必得吉祥。命理认为六四是一吉爻，传说得者有贵人相助，名利双收。

六五

六五养生理反常，居守正道免遭殃。不涉大川求静处，顺从上九可吉祥。

解说： 六五寓意，身为领导，虽能力缺乏，但如能坚守正道，重用贤能，采纳下属正确意见，也得吉祥。命理认为六五也是一吉爻，传说得者有靠山，事可成。家庭从一为吉，身体静养为佳。

上九

上九四阴靠二阳，虽有凶险但吉祥。利涉大川解危难，造福天下喜洋洋。

解说： 上九寓意，由于得到底层百姓的信赖，肩负重任，虽遇凶险，经排除万难终达到目的，获得吉祥。命理认为上九也是一吉爻，传说得此爻者营谋成功，无往不利，合家平安，身体无恙。

第二十八篇
诗化大过卦

一、原文

大过，栋挠，利有攸往，亨。

《彖》曰： 大过，大者过也。栋挠，本末弱也。刚过而中，巽而说行。利有攸往，乃亨。大过之时大矣哉！

《象》曰： 泽灭木，大过。君子以独立不惧，遯世无闷。

初六，藉用白茅，无咎。

《象》曰： 藉用白茅，柔在下也。

九二，枯杨生稊，老夫得其女妻，无不利。

《象》曰： 老夫女妻，过以相与也。

九三，栋桡凶。

《象》曰： 栋桡之凶，不可以有辅也。

九四，栋隆吉。有它吝。

《象》曰： 栋隆之吉，不桡乎下也。

九五，枯杨生华，老妇得其士夫，无咎无誉。

《象》曰：枯杨生华，何可久也。老妇士夫，亦可丑也。

上六，过涉灭顶，凶，无咎。

《象》曰：过涉之凶，不可咎也。

二、诗化大过卦

大过就如弯了栋，本末皆弱刚在中。巽而说行[①]利攸往，虽为大过位仍隆。大泽淹木有凶险，平衡虽破仍亨通。巍然屹立无畏惧，遁世不闷[②]君子风。

注释：

①巽而说行：柔顺、喜悦地前往。

②遁世不闷：虽然离职隐居，毫不烦闷。

义理浅释：大过卦讲的是解难渡险的智慧。它告诉人们处于大错铸成、大为不利的自然或社会环境中，应如何处理重大险情。《易经》以阳为大，当阳刚平衡被打破，就要扶阴助阳，追求新的平衡，抓住关键性问题及时解决。要想办法渡过难关及弥补重大过失、过错。大过卦还启示：不要过度追逐眼前的利益，否则，即使经历一番挣扎也是徒劳，甚至会酿成更严重的后果。持卦之人，要独立不惧，毅然前行；舍则遁世弃欲，不过多专注于眼前的事物。待提升了个人能力，时来运转，再去追求目标，便可事半功倍。

象数浅释：传统认为大过卦是一中下卦。卦象上卦是兑泽为水，下卦是巽风为木。两者组合为：水在木上，如大水淹没小船，结果很不好。传说得此卦者事业、财运、婚姻都有阻碍，如身陷水中，身心不安，百事衰退，故处事一定要勇敢果断，努力找出问题所在，尽快将局面扭转。

初六

初六谦逊位居低，如洁白茅垫在底。承阳敬祭尽柔性，刚柔相济无灾厉。

解说： 初六寓意，小心能驶万年船，当面对比你强的势力，不能与之争强，保持谦虚和恭敬，可免无妄之灾。命理认为初六是一平爻，传说得者若谨慎行事，则财利可固。

九二

九二老夫娶少妻，犹如枯杨生嫩稊[①]。刚柔相济阴阳补，并无不利与险厉。

注释：

①稊：作“根”“芽”解。

解说： 九二寓意，男人年纪大却娶少妻，就像枯木逢春。也象征衰落的事业重获生机，值得高兴。命理认为九二是一吉爻，传说得者晚年成名，或娶妻，或生子，身体虽危但得安。

九三

九三正梁曲，过刚不居中。上六阴不辅，其果必有凶。

解说： 九三寓意，具阳刚气质的人如果急功近利和刚愎自用，优势会转成弊病。命理认为九三是一凶爻，传说得者须防大难，否则可能家产遗损，婚姻不利，或有足目之疾。

九四

九四梁上弯，没有大麻烦。上弯胜下弯，最终得吉祥。

解说：九四寓意，栋梁受潮弯曲有小烦忧，但九四处上卦，如栋梁弯曲但仍然向上，没有塌陷危机，所以最后还是吉祥。命理认为九四是一吉爻，传说得者多有修造之事，可做大事，勿谋小事。身体有小恙但无碍。

九五

九五枯杨长出花，少壮嫁与老阿妈。虽无灾祸也可丑，花不结果不值夸。

解说：九五寓意，小伙子以老妇为配偶，是特殊情况下的应急举措，虽无害但不光彩，而且，有花无果，不会长久，仅仅是形式上凑合而已。命理认为九五是一平爻，传说得者营谋不利，或喜中生忧，或美事成丑，呈先逆后顺之象。

上六

上六已是弱卦终，涉水过河灭顶凶。刚阳太盛难匹敌，难以责咎其道穷。

解说：上六寓意，客观形势坏到透顶，对手太强大，无法抗衡，不能免灾。是客观使然，指责也毫无用处。命理认为上六是一凶爻，传说得者不宜进取，退守为安。家宅小心水灾。面部有疾。

第二十九篇

诗化坎卦

一、原文

习坎，有孚，维心亨，行有尚。

《彖》曰：习坎，重险也。水流而不盈，行险而不失其信。维心亨，乃以刚中也。行有尚，往有功也。天险不可升也，地险山川丘陵也。王公设险以守其国，险之时用大矣哉！

《象》曰：水洊至，习坎。君子以常德行，习教事。

初六：习坎，入于坎窞，凶。

《象》曰：习坎入坎，失道凶也。

九二：坎有险，求小得。

《象》曰：求小得，未出中也。

六三：来之坎坎，险且枕，入于坎窞，勿用。

《象》曰：来之坎坎，终无功也。

六四：樽酒，簋贰，用缶，纳约自牖，终无咎。

《象》曰：樽酒簋贰，刚柔际也。

九五：坎不盈，祇既平，无咎。

《象》曰：坎不盈，中未大也。

上六：系用徽纆，置于丛棘三岁不得，凶。

《象》曰：上六失道，凶三岁也。

二、诗化坎卦

重重险阻卦为坎，流水不盈路披荆。刚健守中不失信，功成便要心有恒。王公设险可守国，险阻也助大功成。水流滚滚为习坎，君子事教常德行。

义理浅释：坎卦阐释突破艰险、化险为夷的法则。物极必反、盛大过度会面临险难，险难中应维护人性的光辉，坚定刚毅地突围。诚信则是最高级的表现，最崇高的行为。遇事首先应明察，免于涉足陷入险难，至少不深陷。若不幸陷入，则不可操之过急，期望过高，应步步为营，求逐渐脱险。如陷入太深，更不可轻举妄动，应先求自保以待变。险难中，不可拘泥常理，应当运用智慧，寻求突破。虽有希望脱险，也应当谨慎，把握最有利时机。如果轻举妄动，就会愈陷愈深，最后无法自拔。另外，险有另一种特殊意思。古时王公设险守国，险有助力成功的意义。

象数浅释：传统认为坎卦是一下卦，卦象是同卦相叠。坎为水，为险，两重相叠，险上加险。传说得坎卦者，事业会陷泥淖之中，经商遇阻，婚恋、求名皆不利。唯外出，如大胆另辟新路，并得别人相助，就有所成。陷险者不能图侥幸，轻举妄动，要保持信心，镇定自若，坚持诚信，方有望转危为安。婚姻有破裂危机。身体上久病则凶，初病须从速求医。

初六

初六阴柔坎得深，迷失正道要小心。无援再遇重重险，无力出险凶降临。

解说：初六寓意，面临重重危险，不能视而不见，一意孤行，这样会失去朋友帮助，陷入更大困境。所以，困难中仍然要坚守正道，否则必招致凶险。命理认为此乃一凶爻，传说得者时运不佳，应防跌入陷阱，困于灾难之中。婚姻需小心，身体容易生病。

九二

九二陷在二阴中，身处险地劲难用。刚中之才求小得，做好当下莫逞勇。

解说：九二寓意，未脱离困境时，有小得就不错，千万不要妄想大有作为。命理认为九二是一平爻，传说得者有小成就，但不可图大。须防险难，或生心腹血气之疾。

六三

六三来去皆艰辛，陷入窞[①]中险且深。不宜急速求逃脱，急速冒进功不成。

注释：

①窞：深坑。

解说：六三寓意，陷入险境时，应暗自等待，不可轻率行事。与其前进后退都招致祸患，不如苟且自守，否则会遇更大危机，不利于走出险境。命理认为六三是一凶爻，传说得者多坎坷，多争讼。

六四

六四二簋[①]酒一缶，纳约自牖[②]与君通。刚柔相济避灾难，君臣互照无咎终。

注释：

①簋：盛食器，指饭菜。

②纳约自牖：接纳从窗户来的食物。

解说：六四寓意，艰难的境况中若能诚信交往，刚柔并济，静观其变，就可避开灾难。命理认为六四是一平爻，传说得者多喜事，或有结婚之庆。

九五

九五水不盈，河床刚持平。居中未壮大，灾难未酿成。

解说：九五寓意，即使差不多脱离险境，也不可大意，守持中正，继续积累实力，那么便会成功地避开灾厄。命理认为九五是一平爻，传说得者平淡无奇，宜养精蓄锐。

上六

绳子捆多重，置于丛棘中。三年不解脱，迷路走向凶。

解说：上六寓意，一个人走错了路便会遇到凶险。上六居于坎卦最上面，所以，违反水的运行之道就不利。命理认为上六是一凶爻，传说得者须防牢狱之灾。家园需修整。婚姻要等三年。身体宜静养。

第三十篇
诗化离卦

一、原文

离，利贞。亨，畜牝牛，吉。

《彖》曰：离，丽也。日月丽乎天，百谷草木丽乎土，重明以丽乎正，乃化成天下，柔丽乎中正，故亨，是以畜牝牛吉也。

《象》曰：明两作，离。大人以继明照于四方。

初九，履错然，敬之无咎。

《象》曰：履错之敬，以辟咎也。

六二，黄离，元吉。

《象》曰：黄离元吉，得中道也。

九三，日昃之离，不鼓缶而歌，则大耋之嗟，凶。

《象》曰：日昃之离，何可久也。

九四，突如其来如，焚如，死如，弃如。

《象》曰：突如其来如，无所容也。

六五，出涕沱若，戚嗟若，吉。

《象》曰：六五之吉，离王公也。

上九，王用出征，有嘉折首，获匪其丑，无咎。

《象》曰：王用出征，以正邦也。

二、诗化离卦

光明附丽卦为离，百谷草木附大地。重重火日照四方，教化天下民欢喜。中爻阴柔居正位，饲养牝牛可吉利。两重光明是离卦，雄雌相依共比翼。

义理浅释：离有“丽”“附丽”的意思，寓光明美丽以及依附的智慧。在自然现象中，离代表火，火本身无法独立存在，必依附于物。“附丽”意为“附着在他物上的美丽”。在三画卦（八卦）中，离是一阴包于二阳之内，其卦象意为阴“附丽”于阳。离卦代表光明、美丽、聪明、智慧。六画卦的离，上下都是离，所以倍加聪明，倍增美丽。然而离卦中有两条原则，一是依，二是顺。所以中正柔顺之为美德，在此卦中至关重要。

象数浅释：传统认为离卦是一好卦，其卦象内外皆离，中存兑巽，上下皆明。天下之人，悦其照耀，光辉盛美，又为顺而从之，事皆昭彰，令誉显著。君子得之，则为离明之象。传说得离卦者，如运用柔顺与中庸之道则诸事大吉，反之则凶。爱情上会过于重视外貌或形式，须检讨是否浮华不实。事业方面，适于文学、文创、畜牧等产业。凡事应当走中道。

初九

初九步履错①，冒进易走火。恭敬守原则，谨记可无过。

注释：

①步履错：步伐错乱。

解说：初九寓意，刚上场便乱了步伐。初九以刚居刚，在要依附他人之时躁动冒进，举止行为不得当，便乱了章法。幸亏刚刚开始，如行事改为谦卑恭敬可保无咎，并挽回不良影响。命理认为初九是一平爻，传说得者须防无妄之灾，宜谨慎，走路小心。

六二

金黄来附离，六二柔位吉。色贵守中道，大吉又大喜。

解说：六二寓意，黄色是五色之中色，以金黄来附丽，就是以中庸之道与人交往。六二柔中得位，符合依附守中正的原则，做事必顺利吉祥。命理认为六二是一吉爻，传说得者可获财利，功名显贵。

九三

九三日偏西，凶危可预期。何不击缶[1]歌，暮年枉悲嘶。

注释：

①缶：乐器名。

解说：九三寓意，年纪老了，如日薄西山，精力衰退，如不退休，及时行乐，悔之莫及。命理认为九三是一凶爻，传说得者老大无成，乐中生悲。

九四

九四位不该，灾难突然来。大火焚一切，丧命兼破财。

解说： 九四寓意，由于处于多惧之地，因本身太强，威逼到君主的地位，遭上司的戒备和反击，形势必凶险。所以千万不能乘用突如其来的势行喧宾夺主之事，而要韬晦自抑，等待时机，缓图进取。命理认为九四也是一凶爻，传说得者时运不济，困难重重。

六五

六五泪如海，忧戚叹悲哀。五爻王公位，否极有泰来。

解说： 六五寓意，虽居君位但处境危殆，好在由于时刻警觉，方能化险为夷。命理认为六五是一平爻，传说得者宜守常慎谋。

上九

上九王出征，斩首大功成。获俘多无咎，威震国邦兴。

解说： 上九寓意，处于光明高位之极点，为安邦定国而出兵，必然得胜，但只宜诛杀首恶，其他随从者俘获便可，不滥杀无辜就不会招来灾祸。命理认为上九是一吉爻，传说得者时运佳，多喜事，经营获利，身体得享天年。

第三十一篇

诗化咸卦

一、原文

咸：亨利贞。取女吉。

《彖》曰：咸，感也。柔上而刚下，二气感应以相与。止而说，男下女，是以亨利贞，取女吉也。天地感而万物化生，圣人感人心而天下和平。观其所感，而天地万物之情可见矣。

《象》曰：山上有泽，咸。君子以虚受人。

初六，咸其拇。

《象》曰：咸其拇，志在外也。

六二，咸其腓，凶。居吉。

《象》曰：虽凶居吉，顺不害也。

九三，咸其股，执其随，往吝。

《象》曰：咸其股，亦不处也。志在随人，所执下也。

九四，贞吉悔亡，憧憧往来，朋从尔思。

《象》曰：贞吉悔亡，未感害也。憧憧往来，未光大也。

九五，咸其脢，无悔。

《象》曰：咸其脢，志末也。

上六，咸其辅颊舌。

《象》曰：咸其辅颊舌，滕口说也。

二、诗化咸卦

柔上刚下卦为咸，贞正吉利娶妻还。二气感应止而悦，万物之情可观瞻。天地感而万物生，圣人感而天下安。山上有泽君虚静，贞吉诚意心相连。

义理浅释：咸卦揭示的是与人相处、男女交往的智慧。在自然环境中，万物之间会产生良好感应。人是自然万物之一，当然也有这种潜能。诸多感应中的一种，是男女之间美好的感情，因从外感到美妙的刺激而思念对方，进而有了与对方交往的情绪和心愿。对于一个社会人来说，这种感情既要发泄，又须适当节制，否则会给自身与社会造成许多不利。咸卦告诉我们：与人交往，坚持正道，光明磊落，真诚相待，尤为重要。咸卦的“咸”的另一新解是禁止的意思。

象数浅释：传统认为咸卦是中上好卦，卦象是上兑下艮相叠，泽为水，艮为山，山泽相通，水向下流，柔上刚下，交相感应，男女相爱，大吉之象。传说得此卦者事业兴旺，恋爱成功，婚姻幸福。因为咸表示不可三心二意，所以要动机纯正，以诚相待，不可与搬弄口舌的小人交往，防受骗。

初六

初六感在趾，似有外在志。九四来感应，感应在初级。

解说：初六寓意，事物的感应在初级阶段时只能是相对肤浅的，彼此认识需要一段时间。命理认为初六是一平爻，传说得者行事过急，难有成就，要防足疾。

六二

六二感小腿，辟凶宜安居。柔顺应上爻，等待可吉利。

解说：六二寓意，被追求的女方不应轻率冒进，急于求成，有失庄重。宜保持柔顺中正，安居不动。命理认为六二是一平爻，传说得者奔波徒劳，宜静不宜动。婚事有变，身体不适。

九三

九三感大腿，不安执意随。随人其智低，前往终后悔。

解说：九三寓意，不安居而跟随别人行动，不带真情的行动得不到真情的回报。命理认为九三是一平爻，传说得者最好退守，做官的谨防被贬。

九四

九四贞吉[①]感在心，与朋交往绪不稳。坚守正道悔则亡，未能光大虽谨慎。

注释：

①贞吉：守正道便吉祥。

解说：九四寓意，男女恋爱心神不定，未能出以正大光明，但只要守住正道，便招来吉祥而不致悔恨。命理认为九四也是一平爻，传说得者有朋友相助，可谋小事，大事则有阻碍，心绪不定宜静养。

九五

九五感其背，居正可无悔。其志不足道，浅薄不应随。

解说：九五寓意，如果对方对你的愿望没有感应，如人背反应迟钝，那么不必强求。面对这样的情况，只要你坚守正道，也就问心无愧。命理认为九五是一平爻，传说得者人情不和，营谋格局小，若做官多与同僚不睦。

上六

上六感面舌，激情如堤泄。交感要真诚，不可光空说。

解说：上六寓意，感应到最上的牙床、面、舌时，便是巧言令色之象。以言感人，虽甜言蜜语，却可能口是心非，这是不应该的。无论男女之间还是普通人之间，交往出以诚心，才有感应的魅力。命理认为上六也是一平爻，传说得者多口舌之争，须防被他人诽谤。

第三十二篇

诗化恒卦

一、原文

恒，亨，无咎，利贞，利有攸往。

《象》曰：恒，久也。刚上而柔下。雷风相与，巽而动，刚柔皆应，恒。恒亨无咎，利贞，久于其道也。天地之道，恒久而不已也。利有攸往，终则有始也。日月得天而能久照，四时变化而能久成。圣人久于其道而天下化成。观其所恒，而天地万物之情可见矣。

《象》曰：雷风，恒。君子以立不易方。

初六，浚恒，贞凶，无攸利。

《象》曰：浚恒之凶，始求深也。

九二，悔亡。

《象》曰：九二悔亡，能久中也。

九三，不恒其德，或承之羞，贞吝。

《象》曰：不恒其德，无所容也。

九四，田无禽。

《象》曰：久非其位，安得禽也。

六五，恒其德，贞，妇人吉，夫子凶。

《象》曰：妇人贞吉，从一而终也。夫子制义，从妇凶也。

上六，振恒，凶。

《象》曰：振恒在上，大无功也。

二、诗化恒卦

震上巽下卦为恒，风雷互动刚柔匀。天地之道久不停，利有攸往变常新。日月得天能久照，四时变化万物缤。圣人守道成天下，恒变规律便可寻。君子方正立不易[①]，恒道才可得永存。

注释：

①方正立不易：坚持正道不变。

义理浅释：恒卦是守恒和恒变的智慧，其中包含不易之恒即永恒不变和不已之恒即变才是永恒的道理。不变是指政治、经济、道德等方面所必须坚持的原则，而恒变是指实际运用时，要懂得通达权变，因时、因地、因事制宜。不变中有变，变是为了不变，这就是恒卦所蕴含的哲学思想。

象数浅释：恒卦是下巽上震相叠的异卦，被认为是吉凶未知之卦。震为男、为雷；巽为女、为风。震刚在上，巽柔在下。刚上柔下，造化有常，相互助长。阴阳相应，震者为动，宜向外发展。巽为入，为内向。一内一外，各居本位，故能永恒不变，以喻夫妇之道。传说得此卦者万事亨通，能恒久努力，安守本分则吉，妄动则招灾。事业方面诸事无不成于恒，不过务必动机纯正，守静而勿躁动，不可急于求成，也不可固守死道，最宜随机应变。经商要大胆行动，往必有利。勿追随潮流。忌不自量而冒险强求。

初六

初六便浚恒[①]，恐是始求深。欲速则不达，凶险不利人。

注释：

①浚恒：过于追求恒久；另一解释为变化不定。

解说：初六寓意，事情处于初级阶段，如果能力有限却操之过急，将会事倍功半，甚至陷入凶险。命理认为初六是一凶爻，传说得者人情乖离，前途渺茫，静守可免祸。

九二

九二居阴位，幸能久守中。不会有忧悔，只因道中庸。

解说： 九二寓意，能守中道，不过激也不过缓，则恒而有成，不会造成悔恨。命理认为九二是一平爻，传说得者如安分守己则无忧，做官宜洁身自爱，谨慎行事。婚姻要等待，身体无大碍。

九三

九三德不恒，无地可容身。结果受羞辱，坚持难自新。

解说： 九三寓意，朝三暮四不能恒守德行的人，必定遭受羞辱，如坚持不久则会更困难。命理认为九三是一凶爻，传说得者须防小人诽谤，有争诉之扰。

九四

九四非其位，打猎四处行。不能静守候，安得获兽禽。

解说： 九四寓意，如长久处在不属于自己应处的位置，则不会有所收获。有如打猎，人在场但心不在焉，哪能捉到禽兽？命理认为九四是一凶爻，传说得者营谋费力，亦难以成事。

六五

六五恒其德，守贞妇人吉。夫子应制义[①]，从妇必有失。

注释：

①制义：受道义的约束。

解说：六五寓意，从一而终，对感情恒守于妇人是吉利。对于男人，则须强调做事要有自己的原则和主张，假如优柔寡断，只知顺从，行事像女人一样，则凶险不利。命理认为这也是一凶爻，传说得者多招谤，有损失。

上六

上六恒摇动，无功却有凶。恒极则反常，过动败作终。

解说：上六寓意，如在最上位摇摆不定，则什么事都办不成。就如一个经常改变主意的君王，怎么会诸事顺利呢？命理认为上六也是一凶爻，传说得者求名望利可有小成，求大则无功。

第三十三篇
诗化遯卦

一、原文

遯，亨。小利贞。

《彖》曰：亨，遯而亨也，刚当位而应，与时行也。小利贞，浸而长也。遯之时义大矣哉！

《象》曰：天下有山，遯。君子以远小人，不恶而严。

初六，遯尾厉，勿用有攸往。

《象》曰：遯尾之厉，不往何灾也。

六二，执之用黄牛之革，莫之胜说。

《象》曰：执用黄牛，固志也。

九三，系遯，有疾厉；畜臣妾吉。

《象》曰：系遯之厉，有疾惫也。畜臣妾吉，不可大事也。

九四，好遯，君子吉，小人否。

《象》曰：君子好遯，小人否也。

九五，嘉遯，贞吉。

《象》曰：嘉遯贞吉，以正志也。

上九，肥遯无不利。

《象》曰：肥遯无不利，无所疑也。

二、诗化遯卦

天下有山遯而亨，刚阳当位与时行。小利贞正阴气长，阴爻渐上艮卦成。不恶而严[①]守大义，远离小人君子明。遯之时义也重大，张弛有道蓄潜能。

注释：

①不恶而严：不厌恶但严格要求。

义理浅释：遯卦阐释的是进退的智慧，隐遯、退避的道理。极端地强调恒久，必然引起动荡不安，而小人的势力，会乘动荡之时得以形成并扩大。动荡时期，往往政治腐败，法制混乱，这种时势对正直纯洁的君子不利。若然，君子应因时制宜，灵活运用退避策略，避其锐气，韬光养晦，保护好自己。留得青山在，不怕没柴烧。关于遯卦，最近有新的解释认为遯即猪也，以猪跑了引申为逃遯。

象数浅释：传统认为遯卦是一下卦，卦象是下艮上乾相叠的异卦。乾为天，艮为山，天下有山，山高天远。阴长阳消，小人得势，君子退隐。君子只能明哲保身，伺机候变。传说得此卦者诸事无成，爱情、事业皆不顺，经商也不宜。建议：小人得势的时候，不要想着功成名就，躲得越快越远越好。功成不居，急流勇退，隐居深山，是最好的办法。

初六

初六遯在后，情况是厉咎。避免有灾难，不要往前走。

解说：初六寓意，小人势力渐盛时，君子要识时务地隐遁。退避时忌优柔寡断，若因此而丧失最佳时机便会招来危险。此时若不知轻重而主动出击，问题则更为严重。命理认为初六是一凶爻，传说得者如安分守己，便不会有灾难。

六二

皮绳自黄牛，捆绑不让溜。居中固其志，最终得自由。

解说：六二寓意，如坚持不退避，就要坚定自己的意志。执中守正，也会最终有所收获。命理认为六二是一平爻，传说得者家中有争执，功名无望。

九三

九三系遯[①]如厉疾，畜养臣妾尚可吉。不可贸然行大事，不变应变便不失。

注释：

①系遯：系住逃跑的人。

解说：九三寓意，遁退之时，若心有所系，即受身边的人和环境影响，便会有危险。若能以自己阳刚正气阻遏别人的不良影响，则平安吉祥。命理认为九三是一平爻，传说得者多有灾难，如急流勇退可免。

九四

九四君隐退，小人不会随。君子退吉利，小人却倒霉。

解说：九四寓意，功成身退，君子如践行则吉利，但小人做不到。命理认为九四是一平爻，传说得者即使有收获，也应谨防小人连累。

九五

九五见好收，嘉遯[①]在急流。此乃大志向，贞吉不用愁。

注释：

①嘉遯：功成身退。

解说：九五寓意，身居高位，不恋权，及时退让，这样做令人钦佩，可得吉祥。命理认为九五是一吉爻，传说得者可获利，或功成身退，或婚姻美满。

上九

上九遯高飞，有利无疑虑。佳爻已到顶，见好可隐退。

解说：上九寓意，应退之时毅然而退，远走高飞，则可离开小人罗织的网，在新天地里再展宏图，这是遁退的最佳境界。命理认为上九是一吉爻，传说得者营谋获利，乐天知命，安享晚年。

第三十四篇
诗化大壮卦

一、原文

大壮，利贞。

《彖》曰：大壮，大者壮也。刚以动，故壮。大壮利贞，大者正也。正大而天地之情可见矣。

《象》曰：雷在天上，大壮。君子以非礼弗履。

初九，壮于趾，征凶有孚。

《象》曰：壮于趾，其孚穷也。

九二，贞吉。

《象》曰：九二贞吉以中也。

九三，小人用壮，君子用罔，贞厉，羝羊触藩，羸其角。

《象》曰：小人用壮，君子以罔也。

九四，贞吉悔亡，藩决不羸。壮于大舆之輹。

《象》曰：藩决不羸，尚往也。

六五，丧羊于易，无悔。

《象》曰：丧羊于易，位不当也。

上六，羝羊触藩，不能退，不能遂，无攸利，艰则吉。

《象》曰：不能退，不能遂，不详也。艰则吉，咎不长也。

二、诗化大壮卦

雷在天上大而壮，刚阳当位动且强。大壮贞吉守正道，天地之情[①]心里藏。君子非礼不履动，自强不息志高昂。蓄势待发不冒进，刚柔并济道康庄。

注释：

①天地之情：天地间的事情。

义理浅释：大壮卦是强壮的智慧。大者壮即阳刚盛，事物发展壮盛之时，应谨慎小心，掌握好“度”，不急不躁，不偏不倚，方获吉祥。切不可恃强激进，欺凌弱者，而要谦退持中，善于自抑。“贞”就是“正”，“大壮，利贞”说的是：大而强盛之时，君子做事要循正理，行正道。不正不贞，必暴，暴必折，所以大壮贵正。另一解释大壮卦的“大壮”意为公羊。

象数浅释：大壮卦为《易经》下经的第四卦，传统认为也是一支吉卦。本卦为异卦相叠。上卦为震，震为雷；下卦为乾，乾为天。天上鸣雷，声威显赫。云雷涌动，阳气盛壮，万物生长，所以卦名大壮。传说得大壮卦者，财运上有所发展。不过要注意，君子爱财，取之有道，如果动用歪心思，靠大规模投资圈财，则反而导致失败。婚恋感情方面，运势较顺利，但应和伴侣多多沟通，保持谦逊的态度，多尊重对方。在健康方面，运势不大好。

初九

初九壮于趾，征伐不合时。出行有凶险，孚正应坚持。

解说：初九寓意，与乾卦的潜九勿用相似，虽刚强，得势，具健行上进的特性，但由于蓄积未厚，轻率躁进必有凶险。只有诚信自守，蓄积力量，待站稳脚跟才可行动。命理认为初九是一凶爻，传说得者会有争执。

九二

九二位守中，道也是中庸。也得六五应，贞吉无险凶。

解说：九二寓意，虽然不得位，但九二居中，此时稳扎稳打，守中庸之道可获吉祥。命理认为九二是一吉爻，传说得者营谋得利，中庸处世则无不利。

九三

九三小人靠逞强，君子不屑同一帮。羝羊触藩羸其角[①]，坚持贞正防遭殃。

注释：

①羝羊触藩羸其角：壮羊硬碰篱笆角被挂住。

解说： 九三寓意，小人恃强好胜，君子则不会。如果靠逞强好胜保住阳刚强盛，这就像强壮的羊去顶触篱笆，结果只会把角卡在其中难以摆脱。命理认为九三是一凶卦，传说得此爻者或有官司和家中办丧事。

九四

九四贞吉悔将亡，羊角刚正如车椿。藩决不羸[①]终解脱，志坚继续向前看。

注释：

①藩决不羸：藩篱被冲破。

解说： 九四寓意，与众阳联合，冲破阻碍，继续向前，实现强盛的目标。命理认为九四是一吉爻，传说得者前途无限，动比静好。

六五

六五田羊丧，只因位不当。只要柔守中，悔恨也将亡。

解说： 六五寓意，能力不够的人如果处于领导的地位，便因位不当而入困境，会有所失。但如能柔而守信，亲善下属，得到扶助也可成德业，不会后悔。命理认为六五是凶爻，传说得者一筹莫展。

上六

上六羊触藩，不进不退还。不惧经磨难，终会获吉祥。

解说：上六寓意，强壮的公羊因顶撞篱笆而被卡住角，进退不能，预示要经过磨难才能获得吉祥。命理认为上六是一平爻，传说得者进退两难，多官非。

第三十五篇

诗化晋卦

一、原文

晋，康侯用锡马蕃庶，昼日三接。

《彖》曰：晋，进也，明出地上。顺而丽乎大明，柔进而上行，是以康侯用锡马蕃庶，昼日三接也。

《象》曰：明出地上，晋。君子以自昭明德。

初六，晋如摧如，贞吉，罔孚，裕无咎。

《象》曰：晋如摧如，独行正也。裕无咎。未受命也。

六二，晋如愁如，贞吉。受兹介福，于其王母。

《象》曰：受兹介福，以中正也。

六三，众允，悔亡。

《象》曰：众允之志，上行也。

九四，晋如鼫鼠，贞厉。

《象》曰：鼫鼠贞厉，位不当也。

六五，悔亡，失得，勿恤。往吉，无不利。

《象》曰：失得勿恤，往有庆也。

上九，晋其角，维用伐邑，厉吉无咎，贞吝。

《象》曰：维用伐邑，道未光也。

二、诗化晋卦

日出大地是晋卦，万物顺升耀明霞。柔顺之气往上升，欣欣向荣恩泽加。康侯嘉奖祝大捷，一日三见赐良马。君子自修明美德，观此卦象放光华。

义理浅释：晋卦包含光明和晋升两方面。当你如日中天，前途光明，加官晋爵之时，应该如何自处？晋卦教你尚柔不尚刚，壮盛上升时要力戒逞强斗胜。除了坚守正道、掌握中道之外，要以柔相济，柔顺谦恭，加强修养。赢得上下普遍尊重时，慎防有人妒忌，暗中中伤。

象数浅释：传统认为晋卦是中上卦，此卦是异卦（下坤上离）相叠。离为日，为光明；坤为地。太阳高悬，普照大地。大地卑顺，万物生长，光明磊落。柔进上行，喻事业蒸蒸日上。传说得此卦者事业、名望、财运皆吉，此即加官晋爵之兆。经商方面，行情看好，市场竞争顺利。虽遇到困难，只要因势利导，争取众人支持，必可转危为安，克敌制胜。

初六

初六晋之始，欲进受排挤。独行守正道，无咎得宽裕。无官一身轻，泰然自处之。

解说：初六寓意，在明争暗斗的官场求发展，处于底层者会受到打压排挤。人在屋檐下，不得不低头，唯坚守正道，忍为上策，把心放宽才能避免灾难。命理认为初六是一平爻，传说得者忧愁参半，静则吉，动则凶。

六二

六二晋升也来愁，坚守正道吉无忧。居中得福自王母[1]，六五垂青有因由。

注释：

①王母：祖母，喻先人。

解说：六二寓意，虽然在官场有一定地位，但也有忧愁，行为谨慎才免于灾难。由于六二居中，受到上方关照，所以吉祥。命理认为六二是一吉爻，传说得者求谋称意，多得母亲扶助，或得妻之财。

六三

六三应上九，其志在上头。能受众信任，悔亡不用愁。

解说：六三寓意，如果可借助下面的力量，获得信赖，又获上边的看重，自然而然运气亨通，不会产生悔恨。命理认为六三是一平爻，传说得者获朋友之助，营谋遂意，但谨防意外之险。

九四

九四刚居柔，守正也甚忧。晋升如硕鼠，贪畏似小偷。

解说：九四寓意，小人想晋升，但如同硕鼠，一味贪妄却一事无成，即使守正也不能摆脱危险。命理认为九四是一凶爻，传说得者时运不佳，或有争执，宜守正。

六五

六五居中悔即亡，得失无须太惊慌。前往吉祥无不利，更有喜庆阴转阳。

解说：六五寓意，身处尊位，虽柔弱，但上下有阳刚相辅，无论是进是退是得是失，都是喜庆。命理认为六五是一吉爻，传说得者好运来，营谋获利。做官有升迁之喜。婚姻吉祥，身体无碍。

上九

晋至角顶维伐攻，虽有险阻也无凶。道未光大贞有吝，上九到底失正中。

解说：上九寓意，晋升到极点，便丧失实权。想继续增加自己的荣誉，只能去做一些如征讨小国一类事，但身处穷途末路，即使守正也会有忧吝之事发生。命理认为上九是一平爻，传说得者好运将终，防争诉之忧。

第三十六篇

诗化明夷卦

一、原文

明夷，利艰贞。

《彖》曰：明入地中，明夷。内文明而外柔顺，以蒙大难，文王以之。利艰贞，晦其明也，内难而能正其志，箕子以之。

《象》曰：明入地中，明夷。君子以莅众用晦而明。

初九，明夷于飞，垂其翼。君子于行，三日不食。有攸往，主人有言。

《象》曰：君子于行，义不食也。

六二，明夷，夷于左股，用拯马壮，吉。

《象》曰：六二之吉，顺以则也。

九三，明夷于南狩，得其大首，不可疾贞。

《象》曰：南狩之志，乃得大也。

六四，入于左腹，获明夷之心，于出门庭。

《象》曰：入于左腹，获心意也。

六五，箕子之明夷，利贞。

《象》曰：箕子之贞，明不可息也。

上六，不明晦，初登于天，后入于地。

《象》曰：初登于天，照四国也。后入天地，失则也。

二、诗化明夷卦

明入地中卦明夷，外貌柔顺内明智，时势艰辛蒙大难，以退为进守其志。韬光养晦持正道，文王[①]箕子[②]同遭遇，光明损伤天暂暗，君子装愚御强敌。

注释：

①文王：周文王，曾事商朝纣王，被残暴的纣王囚禁及杀其长子，还被迫吃下长子的肉。

②箕子：纣王的叔父。因批评纣王被囚，从此装疯辞官，得以保存性命和名节。

义理浅泽：明夷卦是韬晦的智慧。当日落，天色昏暗，逢险遇难之时，要收敛光芒，夹着尾巴做人。生活中要用发展的眼光看问题和事物，不可在方向不明的情况下急于求成，要等待时机，坚守信念。人生若不知明晦之道，即出仕、隐退之道，恐难以善终。所以，君子之道当隐则隐，当进则进。

象数浅释：传统认为明夷卦是一中下卦，其卦象上卦是坤地，下卦是离火，意思是：光明藏在大地下面，寓光明被压制且受损，前途昏暗之义，因此持卦之人会遇到许多挫折，自身在工作中事事不顺，前途有阻碍。持卦之人要在事业上韬光养晦，不可过于高调，还要坚持内心的公正。

初九

初九昏暗飞，鸟伤翼低垂。君子远行走，不义宁守饥。虽可向前往，主人言有微。

解说：初九寓意，光明刚刚受损，情况未算很糟，应洞察先机，如鸟一旦受伤即急速飞离。保持低调，不要过分出头，否则行动必受到当政者责备。命理认为初九是一平爻，传说得者或有手足之伤，善者有进财纳福之喜。

六二

六二明夷股受伤，拯救应求壮马匹。避难坚守顺且正，阴爻处阴可获吉。

解说：六二寓意，假如柔顺而又坚持原则，守中得正，一定会有人前来帮忙，因之获吉祥。命理认为六二是一吉爻，传说得者如是普通人或有难，但会获贵人之助。

九三

九三明夷向南狩，得胜擒敌取敌首。不可急躁守贞正，此志能获大丰收。

解说：九三寓意，在无光的黑夜里更容易捕获猎物，但不宜操之过急，坚守正道必有所获。命理认为九三是一平爻，传说得者如退守南方，可得志。

六四

六四入左腹[①]，明夷在心谷。远走出门庭，大义无反复。

注释：

①左腹：在君主近臣之处。

解说：六四寓意，在近臣内侧，如果得知领导昏庸，小人当道，就应该下决心离去。命理认为六四是一平爻，传说得者出外营谋顺利，妇人如有孕则生男，健康不良者或生心腹之疾。

六五

六五应守正，恰如箕子明。处境虽艰难，不息守永贞。

解说：六五寓意，在昏暗时期应仿效箕子，既坚守正道，又掩其聪明才智，这是顺从时势和天道，不损害自己的明智做法。

命理认为六五是一平爻，传说得者难逢知己，或有家难，做官如修德养性可保无忧。

上六

上六不光明，起初天上奔。后来入地狱，灾难终降临。

解说：上六寓意，原来明智的君主后来违背天道施行苛政，导致失败、灭亡。命理认为上六是一凶爻，传说得者先喜后忧。

第三十七篇 诗化家人卦

一、原文

家人，利女贞。

《彖》曰：家人，女正位乎内，男正位乎外。男女正，天地之大义也。家人有严君焉，父母之谓也。父父子子兄兄弟弟夫夫妇妇，而家道正。正家而天下定矣。

《象》曰：风自火出，家人。君子以言有物而行有恒。

初九：闲有家，悔亡。

《象》曰：闲有家，志未变也。

六二：无攸遂，在中馈，贞吉。

《象》曰：六二之吉，顺以巽也。

九三：家人嗃嗃，悔厉吉；妇子嘻嘻，终吝。

《象》曰： 家人嗃嗃，未失也。妇子嘻嘻，失家节也。

九四：富家大吉。

《象》曰： 富家大吉，顺在位也。

九五：王假有家，勿恤，吉。

《象》曰： 王假有家，交相爱也。

上九，有孚威如，终吉。

《象》曰： 威如之吉，反身之谓也。

二、诗化家人卦

风自火出利女贞，父母皆严家道兴。女正主内男主外，家正天下享太平。君子出言应有物，君子行事必有恒。父子兄弟夫与妇，各尽本分永安宁。

义理浅释： 家人卦是治家的智慧。古人认为，家正才能天下定，治家要有明确分工，男主外，女主内。治家既不可太严厉，也不要太宽松。家人一定要和睦相处，治家要致富，事业要搞得风风火火。家道正才能治好国家，治好国家才可享太平盛世。

象数浅释： 家人卦，有人认为是下卦，也有人认为是小吉之卦。其卦象是异卦相叠，上卦为巽，下卦为离。离为火，巽为风。上风下火，风自火出。家庭兴旺，就要风风火火。另一种理解：外风内火，一切应以内为本然后向外伸延，喻先治家而后治国平天下，家道兴则天下平。传说得此卦者，利于与人合作，且有喜事。如能家庭和睦，同心协力，发展事必定吉祥。

初九

熟悉家务事，初九家有防。志坚未曾变，结果是悔亡。[①]

注释：

①悔亡：不会发生悔恨之事。

解说：初九寓意，建立家庭之初要防止邪恶，树立严厉管教的家风，否则难以收拾。命理认为初九是一平爻，传说得者谋事有成、单身者会结婚，老者不利于寿。

六二

六二顺而巽[①]，家务妇人当。但不善作主，贞吉不用慌。

注释：

①顺而巽：顺从和谦逊。

解说：六二寓意，假如家中妇人守正道，有事不自作主张，多同丈夫商量，结果一定吉祥。命理认为六二是一吉爻，传说得者营谋及成家均多喜事。做官会荣华富贵，家中妇人当家，身体无碍。

九三

九三治家严，虽厉未失当。妇人嘻哈笑，失节不安康。

解说：九三寓意，治家不宜过严，过严有伤感情；更不宜过宽，过宽就会失礼。过严虽有过失，但不失根本，过宽则可能产生教人后悔的事情。命理认为九三是一凶爻，传说得者忧喜参半，刻苦则成，享乐则废。

六四

六四当位富贵家，大吉大利在当下。柔顺得位应初九，母管饮食父教化。

解说：六四寓意，阴柔当位，与其下初九也相应，就像一位贤妻良母很好地管理家庭一切事务，为家庭带来财富和吉祥。命理认为六四是一吉爻，传说得者时运正佳，有贵人提拔，孤寡见亲人。做官仕途顺利，升迁有望。

九五

九五在上头，吉祥不用愁。治国如治家，相爱便无忧。

解说：九五寓意，君王让天下人都像家人一样相亲相爱，则一定会吉祥。命理认为九五是一吉爻，传说得者营谋获利，受到贵人提携。做官得显贵，进取有望。

上九

上九有威仪，吉祥大众知。反身作自律，受敬不用疑。

解说：上九寓意，如果退休的长辈诚实有信，老而有德，就一定会取得威望，受人尊重。命理认为上九也是一吉爻，传说得者营谋称意，女命更好。

第三十八篇

诗化睽卦

一、原文

睽：小事吉。

《彖》曰： 睽，火动而上，泽动而下，二女同居，其志不同行。说而丽乎明，柔进而上行，得中而应乎刚，是以小事吉。天地睽而其事同也。男女睽而其志通也。万物睽而其事类也，睽之时用大矣哉！

《象》曰： 上火下泽，睽。君子以同而异。

初九，悔亡。丧马勿逐自复，见恶人无咎。

《象》曰： 见恶人，以辟咎也。

九二，遇主于巷，无咎。

《象》曰： 遇主于巷，未失道也。

六三，见舆曳，其牛掣，其人天且劓，无初有终。

《象》曰： 见舆曳，位不当也。无初有终，遇刚也。

九四，睽孤，遇元夫，交孚，厉无咎。

《象》曰： 交孚无咎，志行也。

六五，悔亡。厥宗噬肤，往何咎。

《象》曰： 厥宗噬肤，往有庆也。

上九，睽孤，见豕负涂，载鬼一车，先张之弧，后说之弧匪寇，婚媾。往遇雨则吉。

《象》曰： 遇雨之吉，群疑亡也。

二、诗化睽卦

上火下泽卦为睽，二女[1]同室志相背。柔进而上爻失位，小事吉祥无凶危。天地睽而其事同，男女睽而其志通。万物睽而其事类，求同存异睽初衷。

注释：

①二女：指上卦离为中女，下卦兑为少女。

义理浅释：睽卦是代表在亲友背离或夫妻不和的情况下，如何求同存异的智慧。虽然天地不同，男女有异，但“其志通也”。另外，大家可以遵循“小事吉”、异中求同的思想，推诚守正，委曲宽宏，去私去疑，彼此和谐相处，不要搞对抗、分裂。这是《易经》的一个大智慧。

象数浅释：传统认为睽卦是一支不大吉利的卦，其卦象是异卦相叠，上卦为离，下卦为兑。离为火，兑为泽。上火下泽，相违不相济。因为火苗向上燃烧，而水向下渗透，两者相反，表示世间万物有所不同。传说得此卦者的运程不太好，在人心睽违、百事难成时，应先做好自己的分内事，等候转运的机遇来临。

初九

初九悔疚除，丧马不需追。见恶人无害，失马也自回。

解说：初九寓意，背离之始，矛盾刚刚产生，还有回旋余地，处理得当可化解。命理认为初九是一平爻，传说得此爻者，营谋先失而后得，人事先离而后合。谨防凶恶之灾患，婚姻需要等待。身体无大碍。

九二

九二原是仆，经历颇低落。小巷遇其主，无咎重欢乐。

解说：九二寓意，虽主仆二人都混得不好，如相遇小巷，二人同心，其利断金，所以无咎。命理认为九二是一平爻，传说得者会逢知己，营谋遂意。做官会遇到明主，升迁有望。身体有病会遇良医。

六三

六三车后阻，蛮牛仍上拖。车翻鼻碰破，最终险可脱。

解说：六三寓意，位置不当，力量薄弱，心有余而力不足，但最终因有人相助而脱险。命理认为六三是一凶爻，传说得者谋望有阻，险中求安，先困后顺。不良者有骨肉刑伤之厄。

九四

九四感虽孤，遇到大丈夫。交往以诚信，虽险但灾除。

解说：九四寓意，本孤立无援，似陷于绝境，这时候如果寻到志同道合的朋友，以诚相交，就可避免灾难。命理认为九四是一平爻，传说得者有朋友帮助，转危为安。

六五

六五位尊悔恨消，同宗设宴吃肉膘。前往会遇喜庆事，自然无咎乐逍遥。

解说： 六五寓意，柔顺居尊，得同宗人相助，同心协力做事，应会成功而无灾咎。命理认为六五是一平爻，传说得者经营获利，有人抬举，有同宗相助。婚姻吉利，身体有皮肤方面的毛病。

上九

上九孤独心虚空，又见猪豕污泥中。遇鬼一群载车上，误以为盗张满弓。原来迎亲非盗寇，遇雨则吉消疑容。

解说： 上九寓意，刚极则暴，不冷静思考，妄生猜疑，产生误会，便会闹出乱子。不过，途中遇雨会吉祥，因为雨淋可以使人清醒从而解除疑虑。命理认为上九是一平爻，传说得者遭污受诬，先损而后益。做官须防被诽谤。婚姻终和，身体无大碍。

第三十九篇
诗化蹇卦

一、原文

蹇，利西南，不利东北。利见大人。贞吉。

《彖》曰： 蹇，难也，险在前也。见险而能止，知矣哉。

蹇，利西南，往得中也。不利东北，其道穷也。利见大人，往有功也。当位贞吉，以正邦也。蹇之时用大矣哉。

《象》曰：山上有水，蹇。君子以反身修德。

初六，往蹇来誉。

《象》曰：往蹇来誉，宜待也。

六二，王臣蹇蹇，匪躬之故。

《象》曰：王臣蹇蹇，终无尤也。

九三，往蹇来反。

《象》曰：往蹇来反，内喜之也。

六四，往蹇来连。

《象》曰：往蹇来连，当位实也。

九五，大蹇朋来。

《象》曰：大蹇朋来，以中节也。

上六，往蹇来硕，吉，利见大人。

《象》曰：往蹇来硕，志在内也。利见大人，以从贵也。

二、诗化蹇卦

蹇卦艰辛难前冲，可利西南[①]不利东。知险能止智行为，东北[②]不利其道穷。当吉正位以正邦，利见大人往有功。君子反省修其德，蹇之意思大不同。

注释：

①西南为后天八卦的坤地方向，喻平顺。

②东北为后天八卦的艮山方向，喻险阻。

义理浅释：蹇卦是指前进道路上面对困难止而求进的智慧。

从卦辞知道，困难、逆境虽是坏事，但如能正确对待，可以引出好的结果。处蹇之道，一是进退合乎时宜，二是有大人作为凝聚力量的核心，三是坚守正道，得道多助，从而壮大自己。

象数浅释：传统认为蹇卦是一下卦。其卦象水在上，山在下，也就是说，坎水在上、艮山在下，是一条极为难走的山路。路本就崎岖，加上有水在山上阻隔，意味着前路的行进遇到各种阻碍，诸事不顺。传说得此卦者事业、感情均有骑马难下之势，求财难成，身心忧苦，陷入困境。

初六

初六往必难，遇险需知还。知还得声誉，等待再登攀。

解说：初六寓意，知险而退是明智的抉择，能够及早感到危险而防患于未然，自己就不受损失。命理认为初六是一平爻，传说得者宜守旧安常，等候将到来的好运。

六二

六二王臣难上难，辛劳之象众爻间。匪躬之故[①]为国事，无失无过终开颜。

注释：

①匪躬之故：不是为自己。

解说：六二寓意，只要谨慎小心，不犯过失，就不怕任何艰难险阻。命理认为六二是一凶爻，传说得者涉艰历险，营谋有阻。婚姻有难，身体有过劳之厄。

九三

九三往亦难，归来境也艰。遇险能知返，欢喜在心间。

解说：九三寓意，想走出困境，却遇更大凶险，遇这种情况更应知难而停。命理认为九三是一平爻，传说得者不宜进取。或有妻子之喜。如做官，位高者会晋升。身体上多加保养。

六四

六四进有险，招来众人连。当位有实力，闯出一片天。

解说：六四寓意，无力走出险境时，应该团结众人力量。命理认为六四是一凶爻，传说得者如是不良者，会有争执。做官晋升有望。

九五

大蹇遇险阻，有朋前来助。九五刚得中，可得民拥护。

解说：九五寓意，如果是号称九五之尊的一国之君，尽管天下有大难，如有济世雄心，顺应民意，也能得到拥护。命理认为九五是一吉爻，传说得者会受贵人提携，无往不利。

上六

往险知回硕果丰，协助大人立大功。上六阴爻当位吉，志在内部贵人从。

解说： 上六寓意，走投无路时退回来，与大家团结一致，共同抵抗灾害，定得吉祥。命理认为上六是一吉爻，传说得者好运到来，营谋遂意。做官会身居要职，读书人可获功名。婚姻主贵，身体出事有良医。

第四十篇
诗化解卦

一、原文

解，利西南，无所往，其来复吉。有攸往。夙吉。

《彖》曰： 解，险以动，动而免乎险，解。解，利西南，往得众也。其来复吉，乃得中也。有攸往夙吉，往有功也。天地解而雷雨作，雷雨作而百果草木皆甲坼。解之时大矣哉。

《象》曰： 雷雨作，解。君子以赦过宥罪。

初六，无咎。

《象》曰： 刚柔之际，义无咎也。

九二，田获三狐，得黄矢，贞吉。

《象》曰： 九二贞吉，得中道也。

六三，负且乘，致寇至，贞吝。

《象》曰： 负且乘，亦可丑也。自我致戎，又谁咎也。

九四，解而拇，朋至斯孚。

《象》曰： 解而拇，未当位也。

六五，君子维有解，吉，有孚于小人。

《象》曰： 君子有解，小人退也。

上六，公用射隼于高墉之上，获之，无不利。

《象》曰：公用射隼，以解悖也。

二、诗化解卦

过险则动解困难，解卦得众利西南。其来复吉[①]守中道，早往解决可吉安。天地解而雷雨作，雷雨过后草木繁。解之时机意义大，君子恕罪把心宽。

注释：

①其来复吉：返回原处吉祥。

义理浅释：解卦是解决困难的智慧，解也代表事情在困难中已经出现转机。解决困难着重两个方面：一是宜静不宜动，不可无事求功，妨碍休养生息；二是宜速不宜迟，要当机立断，解决目前出现的问题，免得积重难返。

象数浅释：传统认为解卦是中上卦，其卦象是下坎上震相叠的异卦。震为雷动，坎是水险。险内动外，如严冬天地闭塞，静极而动，冬去春来，万象更新。传说得此卦，元气初复，宜休养生息，经商要行动迅速，积极而为，以摆脱困境。

初六

爻位合刚柔，又与九二逅。虽在下险处，初六无灾咎。

解说：命理认为初六是一平爻，传说得者经营顺利，未婚者得配偶。做官德位相称，晋升有望。读书人会取得好成绩。身体无恙。初六处于险初，但好在有九二、九四相助，故没有灾咎。

九二

九二守中道，贞正吉无忧。狩猎获三狐，更得黄箭头。

解说：九二寓意，坚守中庸，又得上面信任，便可除掉小人，得到奖赏和吉祥。命理认为九二是一吉爻，传说得者正当好运，财利可获，做官会顺利。

六三

六三负且乘[①]，犯上如小丑。自我招致贼，有谁被追究。

注释：

①负且乘：坐在车上，背负重物（喻贵重的东西）。

解说：六三寓意，小人在高位，行为丑陋，必然引发灾祸，若然就不能怪别人。命理认为六三是一凶爻，传说得者须防窃盗，避是非诉讼，做官谨防被贬。

九四

九四不当位，解拇[①]朋友归。只要守中道，得助免于危。

注释：

①解拇：除去小人。

解说：九四寓意，如有麻烦，首先要断绝与小人的关系，才可望免除灾难。命理认为九四也是凶爻，传说得者须防小人，恐交友不慎而惹祸。

六五

六五得吉利，君子困解围。小人将退去，一切回正轨。

解说：六五寓意，如领导能够消除小人的纠缠，并感化小人，必然获得吉祥。命理认为六五是一吉爻，传说得者正当好运，君子有利，病者愈。

上六

王公宫墙射恶鹰，一举除奸大功成。上六解悖[1]无不利，雨过之后达天晴。

注释：

①解悖：解除悖逆。

解说：上六处解卦之极，危险已除，对小人的斗争取得胜利，最后走向成功。命理认为上六也是一吉爻，传说得者运程顺利，营谋多获利。做官方面，赋闲者会恢复职位。

第四十一篇

诗化损卦

一、原文

损，有孚，元吉，无咎，可贞，利有攸往。曷之用，二簋可用享。

《彖》曰：损，损下益上，其道上行。损而有孚，元吉，无咎可贞，利有攸往，曷之用，二簋可用享，二簋应有时，损刚益柔有时，损益盈虚，与时偕行。

《象》曰：山下有泽，损。君子以惩忿窒欲。

初九，已事遄往，无咎。酌损之。

《象》曰：已事遄往，尚合志也。

九二，利贞。征凶，弗损益之。

《象》曰：九二利贞，中以为志也。

六三，三人行则损一人；一人行，则得其友。

《象》曰：一人行，三则疑也。

六四，损其疾，使遄有喜，无咎。

《象》曰：损其疾，亦可喜也。

六五，或益之十朋之龟弗克违，元吉。

《象》曰：六五元吉，自上祐也。

上九，弗损益之，无咎，贞吉，利有攸往，得臣无家。

《象》曰：弗损，益之，大得志也。

二、诗化损卦

损下益上道上行，损卦有孚吉元亨。无咎可贞利攸往，二簋[1]之食祭神灵。山下有泽卦为损，君子窒欲[2]压怒声。刚柔盈虚相益损，皆合时宜道永恒。

注释：

①簋：盛食的盆。

②窒欲：压住贪欲。

义理浅释：损卦是损益取舍的智慧，包含因损得益之意。生活中很多人怕吃亏，以为亏了自己便会便宜于对方，也一直担心付出后没有收获，因而处处与人斤斤计较，却不知这种“精明”的后果只会是贪小便宜吃大亏。聪明人懂得双赢这一人生道理，有失就会有得，有付出才会有回报。所以古人提倡损刚益柔，损己益人，损私益公，损奢从俭。

象数浅释：传统认为损卦是一下卦，其卦象是异卦相叠。上卦为艮，下卦为兑，艮为山，兑为泽。兑下艮上，说明山下有泽。泽水由下向上渗透，滋润山上万物生长，但使本身减少。所以兑下艮上这一卦，被命名为含有减少之意的“损”。传说得此卦者，事业上应精心计算后方投入，以求损益得当。经商要进行市场调查，做好收益计算，有利可图即可。

初九

已事遄往[1]无灾咎，酌情减损在开头。上下呼应心志合，量力而行莫须留。

注释：

①已事遄往：办完自己的事迅速去助人。

解说：初九寓意，周围有人遇难应该及时出手相助，以成人之美。提供适当的帮助便可，忌作大的牺牲。命理认为此乃一平爻，传说得者谋事得当，可获利，但须努力。

九二

九二守正中，出征则遇凶。不损能益之，道高是中庸。

解说：九二寓意，最好是坚守正道，主动出击会有凶险，应在没有任何损失的情况下，使尊贵者受益。命理认为九二是一凶爻，传说得者宜谨静勿动，如中庸处世或有好运降临。

六三

六三三人行，相疑损一丁。独行虽孤单，相助遇友朋。

解说：六三寓意，三个人一起前行，容易相互猜疑而使其中一人受伤。独自行动，反会得到志同道合的人相助。命理认为六三是一平爻，传说得者如与人合作经营，可多获利，但不能贪婪。

六四

六四改过失，无咎喜来急。病将有好转，天祐可元吉。

解说：六四寓意，尽量克服自身弱点，之后有喜事急迎，这样做无咎有吉。命理认为六四是一平爻，传说得者多喜庆之事，有灾也转忧为喜。

六五

六五位尊上天祐，人送宝龟志气豪。来宝不拒呈祥气，大吉大利尊位牢。

解说：六五寓意，由于有初九和上九的支持和保护，有群众和退下来的人士帮助，可巩固政权，得大吉祥。命理认为六五是一吉爻，传说得者财运大好，利益丰厚。

上九

上九弗损也益①之，吉利正道得大志。利有攸往高境界，得臣无家②明大义。

注释：

①弗损也益：没有减损也可得益。

②得臣无家：得到新的无主奴仆。

解说：上九寓意，最高境界是不减损自己的同时增益他人，看似仅有利于他人，其实是巩固自己。为别人创造财富就是为自己造福。命理认为上九也是吉爻，传说得者有贵人相助，财利必得。

第四十二篇

诗化益卦

一、原文

益，利有攸往。利涉大川。

《彖》曰：益，损上益下，民说无疆。自上下下，其道大光。利有攸往，中正有庆。利涉大川，木道乃行。益动而巽，日进无疆。天施地生，其益无方。凡益之道，与时偕行。

《象》曰：风雷，益。君子以见善则迁，有过则改。

初九：利用为大作，元吉，无咎。

《象》曰：元吉无咎，下不厚事也。

六二：或益之，十朋之龟，弗克违，永贞吉。王用享于帝，吉。

《象》曰：或益之，自外来也。

六三：益之，用凶事，无咎。有孚中行，告公用圭。

《象》曰：益用凶事，固有之也。

六四：中行，告公从，利用为依迁国。

《象》曰：告公从，以益志也。

九五：有孚惠心，勿问元吉。有孚惠我德。

《象》曰：有孚惠心，勿问之矣。惠我德，大得志也。

上九：莫益之，或击之，立心勿恒，凶。

《象》曰：莫益之，偏辞也。或击之，自外来也。

二、诗化益卦

损上益下乐万民，君逊待民民欢迎。利可前往中有喜，风动木船大川行。震动巽顺益无量，与时偕行日日增。君子见善该思迁，见过则改好名声。

义理浅释： 益代表得利得益。益卦位于损卦之后，《序卦》中道："损而不已必受益，故受之以益。"一直减损下去，一定要有所增益。益卦与损卦为正覆关系，如孔子言："自损者益，自益者缺。"益卦是助益的智慧，而损己益人更是最高境界。当然益助别人，要讲时机，要与时偕行，要有诚意，遵循中道。

象数浅释： 益卦是《易经》六十四卦的第四十二卦。风雷益（益卦）损上益下上上卦，此卦卦象是异卦（下震上巽）相叠。巽为风，震为雷。风雷激荡，其势愈强，雷愈响，风雷相助互长，交相助益。此卦与损卦相反。它是损上以益下，后者是损下以益上。传说得益卦者，诸事积极进取便有所得。爱情吉利，感情如增温，可积极投入。事业方面，积极工作，多寻找成长机会，自我充实，有益于未来升迁。

初九

初九位虽低，可以大作为。大事益天下，得吉无灾危。

解说： 初九是损上益下的得益者，大有作为而获吉祥，机会到来时抓紧即无往不利。命理认为初九是一吉爻，传说得者大事可成，万事称心。做官会高升，读书会取得大的成绩。

六二

六二得获大朋龟，外来之宝不可违。永守诚信吉祥意，君王祭天敬天威。

解说：六二寓意，遇到意外之财，不须放弃，只要坚守正道，不做害人之事，不贪婪便会致吉祥。命理认为六二是一吉爻，传说得者福分多多，如是商贾可获利，做官与求学一帆风顺。

六三

六三用益事有凶，满怀诚意守中庸。帮助他人固已益，手执玉圭见王公。

解说：六三寓意，只要有诚信，行中庸之道，帮助、救济别人也能巩固自己原有的利益。能与上层同心，做出有益于民的事业。命理认为六三是一平爻，传说得者常人获利，不良者大凶。可能苦中成婚，身体有惊无险。

六四

六四之道宜中庸，告知王公跟随从。依附强邦迁都国，无往不利众心同。

解说：六四寓意，行中庸之道，通过易地受益，如作重大改变，上下同心才能顺利进行。命理认为此乃一平爻，传说得者或会迁居，或有修造。

九五

施惠予他人，九五有诚心。惠德大得志，元吉必定临。

解说：九五寓意，做领导要胸怀大志，坚持诚信，乐于助人，如此即吉星高照。命理认为九五是一吉爻，传说得者无挂无碍，心想事成。身体保养得宜。

上九

既无益助却遭攻，立心勿恒[①]必有凶。益尽损自外来也，上九六三爻相冲。

注释：

①立心勿恒：树立决心不够坚定。

解说：上九寓意，没有人来增益他，是因为背离了益卦损己益人的宗旨，由损上益下变成损下益上，因而遭世人唾弃。命理认为上九是一凶爻，传说得者如贪图名利，或有意外之祸，刑克损伤之灾。做官的因为贪求名位，或被贬职。

第四十三篇
诗化夬卦

一、原文

夬，扬于王庭，孚号有厉，告自邑，不利即戎，利有攸往。

《彖》曰：夬，决也，刚决柔也。健而说，决而和。扬于王庭，柔乘五刚也。孚号有厉，其危乃光也。告自邑，不利即戎，所尚乃穷也。利有攸往，刚长乃终也。

《象》曰：泽上于天，夬。君子以施禄及下，居德则忌。

初九，壮于前趾，往不胜，为咎。

《象》曰：不胜而往，咎也。

九二，惕号，莫夜有戎，勿恤。

《象》曰：有戎勿恤，得中道也。

九三，壮于頄，有凶。君子夬夬，独行遇雨，若濡有愠，无咎。

《象》曰：君子夬夬，终无咎也。

九四，臀无肤，其行次且。牵羊悔亡，闻言不信。

《象》曰：其行次且，位不当也。闻言不信，聪不明也。

九五，苋陆夬夬，中行无咎。

《象》曰：中行无咎，中未光也。

上六，无号，终有凶。

《象》曰：无号之凶，终不可长也。

二、诗化夬卦

处决小人在王庭，柔乘五刚招不宁。诚心呼叫有危险，自家封地不利兵。利有攸往要主动，刚阳壮大可长赢。君子如水泽万物，居德不傲忌逞英。

义理浅释：夬卦涉及解决问题的智慧。夬卦是五阳去一阴，去之不难，决（去之意）即可，夬即决。夬下卦天为阳卦，为轻气向上运动。乾的运动遇到什么呢，遇到兑泽。欲解决问题，清除小人，一定要有主见，当断不断便反受其乱。而当面对强大的对抗时要改变策略，不可莽撞，要柔中带刚，作充分的准备。

象数浅释：传统认为夬卦是凶卦，又被认为是上卦。其卦象是上卦为兑，兑为泽；下卦为乾，乾为天。可见泽水上涨，浇灌大地，从而泽惠下施。此卦中的夬为决断、决裂之意，象征危险之事，但是往前有利。传说得此卦者事业处于兴盛阶段，但已孕育危险。经商不宜有太大动作，因市场正走向衰败。

初九

初九趾壮往不胜，不胜反招祸相迎。入夜有敌来相犯，能守中道可不惊。

解说：初九寓意，阳气初生好比人体的脚趾，由于经验未够，能力薄弱，贸然进取不能胜，反会招来灾害。宜守中道，不要冲动蛮干。命理认为初九是一凶爻，传说得者会有无妄之灾，宜静守。

九二

九二叫受惊，夜里来戎兵。因为得中道，勿恤[①]可安宁。

注释：

①勿恤：不用忧虑。

解说：九二寓意，要保持警惕，防患未然。由于有小人在侧，可能遭骚扰，但坚持中正之道即可，不必忧虑。命理认为九二也是一凶爻，传说得者多忧愁，多惊险，但谨慎可无忧。

九三

遇雨若濡[①]独行动，壮于面頄[②]易有凶。君子立志除旧恶，无害尽管有怒容。

注释：

①若濡：被雨淋湿。

②頄：颧骨，壮于面頄喻怒形于色。

解说：九三寓意，以刚居刚，性格疾恶如仇，对小人动辄要大动干戈，急欲除之，这样做有凶险，宜小心谨慎地解决问题。命理认为九三仍是凶爻，传说得者有争诉之忧，品行端正者无忧。

九四

行走趑趄[1]臀无肤[2]，没有悔恨牵羊牯。闻言不信非明智，位居不当机会无。

注释：

①趑趄：行走困难。

②臀无肤：屁股烂掉皮肤。另一解为屁股掉了膘。

解说：九四寓意，性格懦弱，刚健不足，处境困难，处处受制于人，别人的建议也听不进去，较为凶险。命理认为九四也是一凶爻，传说得者心绪不定，所谋不成。做官有心而力不足，难获升迁。婚姻虽时方成，身体防皮肤病。

九五

踏步苋[1]陆行夬夬[2]，坚持中道步更快。九五居中未光大，行事无咎莫等待。

注释：

①苋：马齿苋。

②夬夬：形容疾行。

解说：九五寓意，虽位高权重，能力很强，但不会偏激走极端，以中庸之道对敌人恩威并施，所以没有难处。命理认为九五是一平爻，传说得者营谋遂意，万事吉利。

上六

上六无痛哭，阴不及阳足。阳尽凶险到，最终小人服。

解说：上六寓意，居高位而作恶多端，必遭制裁，逃避不了灭亡的命运。命理认为上六是一凶爻，传说得者营谋不成，宜守常，不良者是非纠缠。

第四十四篇

诗化姤卦

一、原文

姤，女壮，勿用娶女。

《彖》曰：姤，遇也，柔遇刚也。勿用取女，不可与长也。天地相遇，品物咸章也。刚遇中正，天下大行也。姤之时义大矣哉！

《象》曰：天下有风，姤。后以施命诰四方。

初六，系于金柅，贞吉。有攸往，见凶，羸豕孚蹢躅。

《象》曰：系于金柅，柔道牵也。

九二，包有鱼，无咎，不利宾。

《象》曰：包有鱼，义不及宾也。

九三，臀无肤，其行次且，厉，无大咎。

《象》曰：其行次且，行未牵也。

九四，包无鱼，起凶。

《象》曰：无鱼之凶，远民也。

九五，以杞包瓜，含章，有陨自天。

《象》曰：九五含章，中正也。有陨自天，志不舍命也。

上九，姤其角，吝，无咎。

《象》曰：姤其角，上穷吝也。

二、诗化姤卦

乾上巽下女强壮，男女邂逅柔遇刚。不宜娶妻阴柔盛，阴盛阳衰怕不长。天地相遇万物章，能守中道配阴阳。天下大行[1]姤之义，君王号令发四疆。

注释：

①大行：极大程度地推行。

义理浅释：姤卦为相遇的智慧，内容包括天地、男女、君臣种种相遇。姤是不期而遇，聚散不定，而相遇可能有好有坏，关键在于阴阳是否匹配，彼此是否相辅相成。谨记相互理解有一个过程，交往要坚持君子中正的风范。如果所遇非人，就要明智地避开。

象数浅释：传统认为姤卦是一平卦，其卦象是异卦（下巽上乾）相叠。乾为天，巽为风。天下有风，风吹遍大地，阴阳交合，万物茂盛。姤卦与夬卦相反，互为“综卦”。姤即遘，阴阳相遇。但五阳一阴，不能长久相处。传说得姤卦者事业会有危机潜伏，要合时宜，循时序，务必依附于强者，增强势力，防止小人渔利，争取形势好转。诸事宜及早准备，等待时机，一旦成熟立刻行动。经商方面会开业不吉，及早脱身为妙，还要提防小人暗算。婚恋方面，一般认为较为凶险，夫妻如能以诚相待，可转危为安。

初六

羸猪躁动见凶险，初六贞吉利向前。阴爻在下位不当，系于金柅[①]柔道牵[②]。

注释：

①金柅：金属制的织具。

②柔道牵：阴柔受阳刚牵制。

解说：初六寓意，初爻阴居阳位，向上发展危及阳爻，故不宜躁动，要按中庸之道行事。命理认为初六是一平爻，传说得者不宜妄动，或遇贵人相助。

九二

九二厨有鱼，有鱼不宴宾。宴宾不合礼，无咎有原因。

解说： 九二寓意，光棍有了妻子，不宜招待宾客，以防被勾引。命理认为九二也是一平爻，传说得者有财运。

九三

九三行不便，被殴臀受伤。但无大灾咎，虽厉但无妨。

解说： 九三寓意，处境不佳，进退两难，很危险，但只要不受环境和情感支配，也可安然度过。命理认为九三是一凶爻，传说得者会有灾难。

九四

九四包无鱼[①]，不正也不中。远离臣民意，其果必是凶。

注释：

①包无鱼：包裹里无鱼。

解说： 九四寓意，远离臣民，得不到拥戴和支持，必然出现凶险。命理认为九四也是一凶爻，传说得者遭是非困扰。

九五

以杞包瓜[①]含华彩，九五居中位不歪。有陨自天落大地，志不放弃天安排。

注释：

①以杞包瓜：用柳杞枝叶包瓜。

解说： 九五寓意，由于位正守中，怀有美好的品德，而且能够顺应天命，最终可以制服阴爻初六。命理认为九五是一平爻，传说得者会有贵人相助，有意外之喜。

上九

上九处尽地，一如硬角尖。上穷虽无咎，麻烦不用言。

解说： 上九寓意，去到运穷之地要认清自己的处境，不要妄自尊大，否则会有麻烦。命理认为上九是一凶爻，传说得者营谋艰辛，运如穷途。

第四十五篇

诗化萃卦

一、原文

萃，亨，王假有庙。利见大人。亨，利贞，用大牲吉。利有攸往。

《彖》曰： 萃，聚也。顺以说，刚中而应，故聚也。王假有庙，致孝享也。利见大人亨，聚以正也。用大牲吉，利有攸往，顺天命也。观其所聚，而天地万物之情可见矣。

《象》曰： 泽上于地，萃。君子以除戎器，戒不虞。

初六，有孚不终，乃乱乃萃，若号，一握为笑，勿恤，往无咎。

《象》曰： 乃乱乃萃，其志乱也。

六二，引吉，无咎，孚乃利用禴。

《象》曰： 引吉无咎，中未变也。

六三，萃如嗟如，无攸利，往无咎，小吝。

《象》曰： 往无咎，上巽也。

九四，大吉，无咎。

《象》曰： 大吉无咎，位不当也。

九五，萃有位，无咎。匪孚，元永贞，悔亡。

《象》曰： 萃有位，志未光也。

上六，赍咨涕洟，无咎。

《象》曰： 赍咨涕洟，未安上也。

二、诗化萃卦

君王祭庙用大牲，萃卦便是荟萃群。刚中相应顺而悦，亨通有利见大人。前景光明顺天命，观其所聚万物欣。泽利滋生间杂草，君子备戎防乱民。

义理浅释： 萃卦是聚合的智慧，其最高境界是善于团结他人，精诚合作。具领导才能的，心胸要宽阔，眼光务必远大。以诚信、中正为本，不失原则，尤其要严格要求自己，宽容他人。遭到他人反对时，应认真反省自己，得出教训，以这种心境处世为人，终生可平安，事业必通达。

象数浅释： 传统认为萃卦是中上卦，其卦象是异卦相叠，下卦为坤，上卦为兑。兑为泽、为水在上，坤为地、为顺在下，表明大地上的水汇聚一起，形成泽，而泽水可使禾木丛生，生出兴旺的景色。但水也可能泛滥成灾，对这一点应该早做防备。从另一个角度来看，兑为悦，坤为顺，又表明，只要大地顺应自然规律，喜悦就接踵而来。传说得此卦者运势吉昌，事业兴旺发达，经商时真诚合作团结互助。

初六

虽有诚意却不终，乃乱乃萃[①]难相容。号哭之后握手笑，继续向前无险凶。初六会萃其志乱，乱求聚合似草丛。

注释：

①乃乱乃萃：乱了萃合的步骤。

解说：初六寓意，太平盛世小人也会不断聚集势力，在腐败昏暗的社会环境中，各种势力不断聚集是普遍现象。坚持诚信到底，才不会陷入迷惑混乱之中。命理认为初六是一平爻，传说得者会受小人陷害，先凶后吉，宜谨慎从事。婚姻可能始乱终弃，身体有病延医可治。

六二

六二得牵引，无咎因有诚。居中未曾变，薄祭也可成。

解说：六二寓意，作为为人处世之根本的诚信，不在于表白，像祭祀不在于祭品厚薄，关键在于是否虔诚。命理认为六二是一吉爻，传说得者正当好运，有贵人提举，营谋得利。

六三

六三兑在头，前往无灾咎。聚集有哀嚎，小吝有时候。

解说：六三寓意，参加聚会可能遇到不愉快和不顺利的事，但没有灾害。命理认为六三是一凶爻，传说得者家里不安，六亲有损，老者多凶。

九四

九四位不当，无咎不用慌。只要占大吉，不需太恐慌。

解说：九四寓意，由于位不中不正，虽然下临代表众人的坤卦，得到广泛支持，但难有作为，只是无咎而已。命理认为九四是一平爻，传说得者德不配位。

九五

九五萃集位得当，只是志向未发光。未受民信但无咎，恒守正道悔恨亡。

解说：九五寓意，登位不久，还没有普遍得到民众信任，志气未得发扬。还需修持德行，树立威望，方没有悔恨。命理认为九五也是一平爻，传说得者人情不合，营谋有阻。

上六

上六心不安，哀叹泪满庞。其实无灾咎，最终不用慌。

解说：上六寓意，因下无正应，孤立无援，眼见大家聚集而自己孤单，因之悲伤，痛哭流涕，但其实没有什么灾难。命理认为上六是一凶爻，传说得者事多烦扰，不能安宁，或上下无情，长幼忧愁，名利成虚。

第四十六篇
诗化升卦

一、原文

升：元亨，用见大人，勿恤，南征吉。

《彖》曰：柔以时升。巽而顺，刚中而应，是以大亨。用见大人勿恤，有庆也。南征吉，志行也。

《象》曰：地中生木，升。君子以顺德，积小以高大。

初六，允升，大吉。

《象》曰：允升大吉，上合志也。

九二，孚，乃利用禴，无咎。

《象》曰：九二之孚，有喜也。

九三，升虚邑。

《象》曰：升虚邑，无所疑也。

六四，王用亨于岐山，吉，无咎。

《象》曰：王用亨于岐山，顺事也。

六五，贞吉，升阶。

《象》曰：贞吉升阶，大得志也。

上六，冥升，利于不息之贞。

《象》曰：冥升在上，消不富也。

二、诗化升卦

坤上巽下卦为升，勿用忧虑利南征。元吉亨通见贵人，刚柔相应顺而逊。

地中生木柔渐上，上升之德君子明。积小成高立大志，生生不息最终赢。

义理浅释：升卦是上升的智慧。升卦有两个特点：一是柔升，渐进，不要一步登天；二是因时而升，不要急于求升。有诚心与敬畏心才能得人心，诚信才会取信于人。祭祀是敬畏心的体现，指对天地敬畏，对先人敬畏，对他人抚慰。在现今社会虽不一定要祭，但一定要怀有敬畏之心，敬畏生谦卑和尊重，这样才能协同天下，如百川入海。卦的上六爻还提出警告：在不断上升的过程中，要不懈努力，这样运气才延续，否则会出问题。

象数浅释：传统认为升卦是一上卦，其卦象是下巽上坤相叠。坤为地、为顺，巽为木、为逊。大地的树木逐渐成长，高大，喻事业步步高升，前程远大，传说得此卦者事业顺利。可依时而进，逐步上升，经商宜小处着手，通过自己的勤劳达到目标。

初六

初六处阴宜上升，大吉大利志相迎。恭敬虔诚免灾祸，微薄祭祖动神灵。

解说：初六寓意，尽管地位低微，但有蓬勃生长力，可以改变处境，上升到更高层次。命理认为初六为一吉爻，传说得者名利双收，营谋遂心，做官的晋升有望。

九二

九二心有诚，定会来喜庆。献祭用薄礼，无咎也无病。

解说：九二寓意，虽然位置也不很高，但如果满怀诚信，认真履行自己的责任，也必定得到回报。命理认为九二是一平爻，传说得者常人有喜，病者安，谋事可成，做官有升迁之机。

九三

九三无疑虑，畅通入空城。居刚刚过头，前景暂不明。

解说：九三寓意，有优势，同时优势成不利因素。以刚居刚，刚过了头，所以前途未卜。命理认为九三是一平爻，传说得者营谋遂意，做官会身居要位，读书可成名。

六四

六四应无惊，顺利有前程。周王岐山祭，吉祥显圣明。

解说：六四寓意，有惊无险，诚心祭神必然吉祥。命理认为六四是一吉爻，传说得者有山林之利，隐者获山林之乐。做官会升迁。身体宜虔诚祷告。

六五

六五大得志，吉祥守正贞。身处君王位，台阶步步升。

解说：六五寓意，身处高位会步步高升，实现大志向。命理认为六五也是一吉爻，传说得者正行好运，大愿可成，做官会高升。

上六

上六冥中升①，不富也消停。消停暂增长，否则难再赢。

注释：

①冥中升：昏昏然上升。

解说： 上六寓意，位到顶便再难上升，不应以势位满盛自居，否则转向下降。命理认为上六是一平爻，传说得者有贪得无厌之祸，做官会告退。

第四十七篇

诗化困卦

一、原文

困，亨，贞大人吉，无咎，有言不信。

《彖》曰： 困，刚揜也。险以说，困而不失其所亨，其唯君子乎。贞大人吉，以刚中也。有言不信，尚口乃穷也。

《象》曰： 泽无水，困。君子以致命遂志。

初六：臀困于株木，入于幽谷，三岁不觌。

《象》曰： 入于幽谷，幽不明也。

九二：困于酒食，朱绂方来，利用亨祀，征凶，无咎。

《象》曰：困于酒食，中有庆也。

六三：困于石，据于蒺藜，入于其宫，不见其妻，凶。

《象》曰：据于蒺藜，乘刚也。入于其宫，不见其妻，不祥也。

九四：来徐徐，困于金车，吝，有终。

《象》曰：来徐徐，志在下也。虽不当位，有与也。

九五：劓刖，困于赤绂，乃徐有说，利用祭祀。

《象》曰：劓刖，志未得也。乃徐有说，以中直也。利用祭祀，受福也。

上六：困于葛藟，于臲卼。曰动悔，有悔，征吉。

《象》曰：困于葛藟，未当也。动悔有悔，吉行也。

二、诗化困卦

水在泽下卦成困，刚阳在里志难伸。虽处险境仍欢悦，致命遂志[①]向前奔。有言不信[②]口穷尽，占卜无咎问贵人。虽困不失其所已，自得其乐待吉临。

注释：

①致命遂志：为志向不惜牺牲。

②有言不信：光靠说话无人信。

义理浅释：困卦是在气衰力竭而陷入困境时如何脱困的智

慧。人应该如何面对困难，困卦首先强调人要有志气，人穷志不穷，困境能磨炼人的毅力和意志。其次，困境中不能丧失理想和气节，只要坚持刚正中道，最后一定能得到吉祥。另外，要善于忍耐，养精蓄锐，待机而发，也要知悔反省，重新出发，以走出困境。

象数浅释：传统认为困卦是中上卦。本卦为异卦相叠，坎下兑上。上卦为兑，兑为阴，为泽；下卦为坎，坎为阳，为水。大泽漏水，水草鱼虾，处于穷困之境。阳处阴下，刚为柔掩，有如君子才智难展，处于困乏之地。所以卦名“困”。传说得此卦者事业境况十分不佳，会遭受到很大困难。人生面临巨大的考验，如采取不正当的手段，还会愈陷愈深。但在困境中切勿失望，而应继续奋斗。

初六

初六入幽谷，股臀困株木[①]。三年不见人，不露真面目。

注释：

①困株木：困在木桩上。

解说：初六寓意，人生处于低谷时，处处受牵制，仿佛困在灌木丛中，只能在困顿中等待。命理认为初六是一凶爻，传说得者受惊扰及遭丧服之灾。

九二

九二困酒食[①]，朱绂身穿带。酒食祭神灵，征伐便有害。只要守中道，虽困无大碍。

注释：

①困酒食：受酒食之苦。

解说：九二寓意，由于以阳居位，被群阴陷害，大志难伸，又得不到上边的信任，如急功近利便有麻烦。持中守正，静等时机反而有好处。命理认为九二是一平爻，传说得者有贵人提携，营谋得利，静则吉动则凶。

六三

六三困石泥，乘刚据蒺藜[①]。凶兆接连三，入宫不见妻。阴乘刚之上，不祥时运低。

注释：

①据蒺藜：被多刺的蒺藜挡住。

解说：六三寓意，才德欠缺，但不甘寂寞，想有所作为。结果是陷入困境，祸不单行。命理认为六三是一凶爻，传说得者多灾多难，宜守正谨慎。婚姻、身体皆不利。

九四

九四迟来困金车[①]，志在得到初六协。刚阳所处非其位，虽吝最终有与也[②]。

注释：

①困金车：困坐在华丽的车中。

②有与也：有助力。

解说：九四寓意，看到朋友遇难，想出手相助，但能力不足，如前往也必陷入困境。此时如果能得到志同道合的人支持，一起行动，效果会好一些。命理认为九四也是一凶爻，传说得者谋事不利，受人鄙视。

九五

九五受刑志未得，困于赤绂[①]仍有失。仍徐有说[②]守中直，祭祀神灵有果实。

注释：

①赤绂：官服。

②仍徐有说：渐渐可以解脱。说，这里作脱解。

解说：九五寓意，高处不胜寒，困于尊位而被上六阴爻掩盖，惶惶不可终日，只能守中居正，祈祷上苍，慢慢摆脱困境。命理认为九五也是一凶爻，传说得者会有诉刑和丧服之忧。

上六

上六困葛藟[①]，处在乱石堆。位动应有悔，出征吉祥回。

注释：

①葛藟：葛藤。

解说：上六寓意，身陷困境，困到极点定会走向反面，所以应该放手一搏，即使行动失误也可吸取经验教训。命理认为上六是一平爻，传说得者厄运终结。宜商旅，防惊扰丧服。

第四十八篇

诗化井卦

一、原文

井，改邑不改井，无丧无得。往来井井。汔至亦未繘井，羸其瓶，凶。

《彖》曰：巽乎水而上水，井。井养而不穷也。改邑不改井，乃以刚中也。汔至亦未繘井，未有功也。羸其瓶，是以凶也。

《象》曰：木上有水，井。君子以劳民劝相。

初六，井泥不食。旧井无禽。

《象》曰：井泥不食，下也。旧井无禽，时舍也。

九二，井谷射鲋，瓮敝漏。

《象》曰：井谷射鲋，无与也。

九三，井渫不食，为我心恻，可用汲，王明，并受其福。

《象》曰：井渫不食，行恻也。求王明，受福也。

六四，井甃无咎。

《象》曰：井甃无咎，修井也。

九五，井洌寒泉食。

《象》曰：寒泉之食，中正也。

上六，井收勿幕，有孚元吉。

《象》曰：元吉在上，大成也。

二、诗化井卦

巽上坎下井水淳，汲水养民德无穷。城邑可移井不改，缘是刚阳在当中。水涸未能汲水至，摔破汲瓶必有凶。君子劳民民相勉，水源不竭终有功。

义理浅释：井卦是养人施惠的智慧。水井寓真诚奉献，不断丰富自己才能的精神。井卦以穴下泉水取象，泉水具有清洁养人、潺潺不绝的特性。君子修身养德要始终如一，不可迁移，不可懈怠，要持续地受滋养，像井水那样不枯竭也不满盈。全卦六爻描述的主要是：将一个废旧的井修整为全新的井的过程，先清洁污浊的水源，其次是加固井壁，最后汲出清冽甜美的水，供养往来的民众。井卦六爻三阳三阴，三阴皆论井体，三阳则言井泉。阴爻井体坚固，可容纳美德以无尽；阳爻井水洁净，可滋养美德以无穷。

象数浅释：传统认为井卦是一上卦，其卦象是异卦（下巽上坎）相叠。坎为水，巽为木。树木得水而蓬勃生长。人靠水井生活，水井由人挖掘而成。相互为养，井以水养人，经久不竭，人应取此德而勤劳自勉。传说得此卦者事业处于平稳状态。既不宜贸然前进，也不必后退，应以积极的态度进修，增强个人实力。经商方面，市场情况良好，可继续按照原来的方针办。

初六

同上互不济，初六井有泥。水浊不能食，飞禽也不栖。

解说：初六寓意，人的旧习难改，如一口井不及时清理淤泥一样，会被淘汰。命理认为初六是一凶爻，传说得者运衰年老，谋事受阻。婚姻不成，身体旧症难治。

九二

井谷[1]捕小鱼，期望占便宜。瓮破水敝漏，无获应可期。

注释：

①井谷：井底出水的穴窍。

解说：九二寓意，不要占小便宜，不然会吃大亏。大材不妨小用，一步一步来，总比投闲置散好。命理认为九二也是一凶爻，传说得者因小失大，宜谨守以避祸。

九三

井泄饮无人，此景我伤心。九三君王明，福荫便可寻。

解说：九三寓意，虽然有才但不能被人赏识，得不到重用，这时不应气馁，宜等待时机到来。命理认为九三是一平爻，传说得者安分守己为吉，否则或有灾难。

六四

六四井壁修，自然无灾咎。井好水清新，得宠更得佑。

解说：六四寓意，井已修好，水已到来，大功告成，由于忠于九五君王，一定会得到宠信，不会有灾难。命理认为六四也是一平爻，传说得者如安分守己，修身养性，可望上达。

九五

九五泉可口，喝饮不用愁。井修无需盖，吉祥在上头。

解说：九五寓意，贤明的君王或领导，要像清澈的井水般可口。如执政清明公正，天下必能大治。命理认为九五是一吉爻，传说得者营谋遂意。若品行端正，可望受重用。

上六

井水已汲来，不需再加盖。元吉在上位，功成颂国泰。

解说：上六寓意，由于长期努力，大功告成，更能与人分享，于是成就非常，大吉大利。命理认为上六也是一吉爻，传说得者谋事顺利，财运亨通。

第四十九篇

诗化革卦

一、原文

革，已日乃孚，元亨利贞，悔亡。

《彖》曰：革，水火相息，二女同居其志不相得，曰革。已日乃孚，革而信之。文明以说，大亨以正。革而当，其悔乃亡。天地革而四时成。汤武革命，顺乎天而应乎人。革之时大矣哉！

《象》曰：泽中有火，革。君子以治历明时。

初九，巩用黄牛之革。

《象》曰：巩用黄牛，不可以有为也。

六二，已日乃革之，征吉，无咎。

《象》曰：已日革之，行有嘉也。

九三，征凶。贞厉。革言三就，有孚。

《象》曰：革言三就，又何之矣。

九四，悔亡。有孚改命，吉。

《象》曰：改命之吉，信志也。

九五，大人虎变，未占有孚。

《象》曰：大人虎变，其文炳也。

上六，君子豹变，小人革面，征凶，居贞吉。

《象》曰：君子豹变，其文蔚也；小人革面，顺以从君也。

二、诗化革卦

水火相克亦相生，泽中有火革象新。已日[①]变革旧事物，民众信服可加深。前景通畅持正道，功成悔恨不会临。君子制历明四时，顺乎天而应乎人。

注释：

①已日：可革之日。另一作“巳”，意是巳时。

义理浅释：革卦是革新、改革的智慧。革新的目的是消灭旧的，产生新的光明，给人们带来喜悦；改革须运用聪明才智，顺应形势，根据时代特点，依理而动，变革事物，使之切合时宜，以壮大自己。但应谨慎，时机不成熟不可妄动，尤忌急功近利。行动之前应三思。

象数浅释：传统认为革卦是一上卦，其卦象异卦（下离上兑）相叠。离为火、兑为泽，泽内有水。水在上而下浇，火在下而上升。火旺水干，水大火熄。二者相生亦相克，必然出现变革。变革是宇宙的基本规律。传说得革卦者其事业多处在转折的关键时刻，必须密切注意各种信息，认真思考，完善个人行为，时机成熟后，立即着手变革。经商方面，会面临十分激烈的市场竞争。

初九

初九爻位低，改革暂不为。自绑黄牛革，免得陷于危。

解说：初九寓意，变革要掌握好时机，条件未成熟时，不宜轻举妄动，否则会陷入危难。命理认为初九是一平爻，传说得者宜谨守常规，不可存非分之想。婚姻需要等待，身体宜消滞健脾。

六二

祭日行变革，前途无凶危。征讨可吉祥，能获大胜归。

解说：六二寓意，一旦具备变革的条件，得到上下支持，就要把握时机，否则将遗恨终生。但是要注意循序渐进，这样做才能顺利成功。命理认为六二是一吉爻，传说得者多喜庆之事，做官会升迁。

九三

九三性冲动，征伐会遇凶。改革已三就[①]，守正初见功。

注释：

①已三就：已实现了三成，也解释为重复三次。

解说：九三寓意，改革不宜激进，应稳扎稳打，否则会带来麻烦。命理认为九三是一凶爻，传说得者多事，宜谨慎行事。

九四

九四要改命，无悔顺应天。最终得吉祥，只要意志坚。

解说：九四寓意，改革乃顺应天意，只要意志坚定，就一定会成功。命理认为九四是一平爻，传说得者会遇转机，有收获。

九五

九五大人变猛虎，无须占问便有孚。变革果断如文炳，成果显著好前途。

解说：九五寓意，大人物从事变革如猛虎出山，一般而言成效卓著，不用担心失去诚信。勇于担当的改革领导者，定会得到拥护，取得成功。命理认为九五是一吉爻，传说得者时运转好，多吉利之事。

上六

君子豹变皮毛新，小人革面利从君。此时急进会凶险，如能守正吉终临。

解说：上六寓意，由于改革成功，连小人都会顺从。但小人革面不革心，所以，改革成功后，要继续巩固改革的业绩，不要急进，坚持正道，将改革进行到底。命理认为上六是一平爻，传说得者安分守己则是非不扰。做官方面，进取者会得晋升，离、退休者会全身而退。

第五十篇
诗化鼎卦

一、原文

鼎，元吉亨。

《彖》曰：鼎，象也。以木巽火，亨饪也。圣人亨，以享上帝，而大亨以养圣贤。巽而耳目聪明，柔进而上行，得中而应乎刚，是以元亨。

《象》曰：木上有火，鼎，君子以正位凝命。

初六，鼎颠趾，利出否，得妾以其子，无咎。

《象》曰：鼎颠趾，未悖也。利出否，以从贵也。

九二，鼎有实，我仇有疾，不我能即，吉。

《象》曰：鼎有实，慎所之也。我仇有疾，终无尤也。

九三，鼎耳革，其行塞，雉膏不食。方雨亏悔，终吉。

《象》曰：鼎耳革，失其义也。

九四，鼎折足，覆公餗，其形渥，凶。

《象》曰：覆公餗，信如何也。

六五，鼎黄耳，金铉，利贞。

《象》曰：鼎黄耳，中以为实也。

上九，鼎玉铉，大吉，无不利。

《象》曰：玉铉在上，刚柔节也。

二、诗化鼎卦

鼎卦其形象一鼎，圣人亨鼎祭神灵。亨鼎煮肉养贤圣，谦逊明智向上行。中正阳刚相呼应，故可元吉及大亨。木上有火火势猛，君子正位赋天命。

义理浅释：鼎卦是鼎新的智慧，鼎新的要点在立不在破。鼎的甲骨文，上面的部分像鼎的左右耳及鼎腹，下面像鼎足。鼎盛行于商、周。用于煮盛物品，或置于宗庙作铭记功绩的礼器。《序卦传》云：“革物者莫若鼎，故受之以鼎。”也就是说，没有比鼎更能变革事物的了，所以在革卦之后是鼎卦。鼎是集权力、律法、威信于一身，乃国之重器。青铜鼎本身既是历代饮食改革的见证，也是改革后君王言行的记载（改革的条文及业绩都刻在鼎上），所以鼎卦有推出新政策的含义。

象数浅释：传统认为鼎卦是中吉卦，其卦象是下巽上离相叠。巽为木，离为火，燃木煮食，化生为熟，喻除旧布新的意思。鼎为重宝大器，三足稳重之象。煮食，喻食物充足，不再有困难和烦扰。在此基础上宜实行变革，发展事业。传说得此卦者时运仍佳，事业可成，但诸事不宜迟滞。事业方面，具备开拓进取的各种条件。要头脑冷静，以端正的态度为人处世，严于律己，慎终如始，刚柔兼备，与有才德的人合作，勿妄进失度。经商方面，如果坚持商业道德，参与正常竞争活动，无轻举妄动和邪思，刚中自守，商业可大发展。

初六

初六鼎翻足[1]，倒污反得福。娶妾得其子，不悖嗣可续。

注释：

①鼎翻足：鼎倒下脚朝天。

解说：初六寓意，要鼎新就必须革故，如将鼎中污物倒出。除旧布新，清理旧思想，适应新形势。命理认为初六是一平爻，传说得者因人成事，多喜事，或结婚，或生子。忧者喜，贱者贵。做官会因功得晋升。

九二

九二鼎有物，招得仇与疾。慎处奈我何，最终可获吉。

解说：九二寓意，当你的事业取得一些成绩，便有可能招来嫉妒。只要坚持守中，不做违法之事，最终平安无事。命理认为九二是一吉爻，传说得者有收获，但须防忧。做官须秉公执政，防小人谗言之扰。

九三

鼎耳被掉失，艰难路封闭。此时方遇雨，鸡汤不能食。悔恨有望终，九三最后吉。

解说： 九三寓意，性格刚阳，易急躁，不能守中道，与上边的人发生冲突。这时应该改变自己，顺应上级，方得吉祥。命理认为九三是一平爻，传说得者先难后易。老者多福，年轻人多不如意。

九四

九四鼎折足，王公洒肉粥。如此何言信，凶果令人哭。

解说： 九四寓意，选择合伙人时要了解对方能力，选人不对如鼎器折足，前功尽废。命理认为九四是一凶爻，传说得者多灾，或生足疾。

六五

六五鼎耳黄，铜饰举鼎杠。居中而坚实，正道自吉祥。

解说： 六五寓意，事业顺利时如能广纳贤才，夯实基础，自然会蒸蒸日上。命理认为六五是一吉爻，传说得者时运不错，多获利。

上九

扛鼎有玉杠，阴柔济阳刚。大吉无不利，鼎新更辉煌。

解说： 上九寓意，身居高位不自傲，懂得尊重别人，定能功成名就。命理认为上九是一吉爻，传说得者安稳利达，谋求遂意。

第五十一篇

诗化震卦

一、原文

震，亨。震来虩虩，笑言哑哑，震惊百里，不丧匕鬯。

《彖》曰： 震，亨。震来虩虩，恐致福也。笑言哑哑，后有则也。“震惊百里”，惊远而惧迩也。不丧匕鬯，出，可以守宗庙社稷，以为祭主也。

《象》曰： 洊雷，震。君子以恐惧修省。

初九，震来虩虩，后笑言哑哑，吉。

《象》曰： 震来虩虩，恐致福也。笑言哑哑，后有则也。

六二，震来厉，亿丧贝，跻于九陵，勿逐，七日得。

《象》曰： 震来厉，乘刚也。

六三，震苏苏，震行无眚。

《象》曰： 震苏苏，位不当也。

九四，震遂泥。

《象》曰： 震遂泥，未光也。

六五，震往来厉，亿无丧有事。

《象》曰： 震往来厉，危行也。其事在中，大无丧也。

上六，震索索，视矍矍，征凶。震不于其躬，于其邻，无咎。婚媾有言。

《象》曰：震索索，中未得也。虽凶无咎，畏邻戒也。

二、诗化震卦

雷声虩虩[①]卦亨通，君子言笑态从容。雷惊百里虽迩远，手持匕鬯[②]祭庙宗。恐惧之中自修德，雷声滚滚不摇动。临危不惧态自若，天地规则已搞懂。

注释：

①虩虩：让人恐怕。

②匕鬯：祭祀用品。

义理浅释：震卦既是敬畏的哲学，也是临危的智慧。雷电可击杀邪恶势力，也赋万物以生机。震卦含上天对人间进行惩戒之义，所以人们要坚持正道，安分守己，要有敬畏之心。当灾难来临时，要敢于担当，不畏惧，不惊恐，气定神闲，用智慧解决危难。

象数浅释：传统认为震卦是一中上卦，其卦象是下震上震相叠的同卦。震为雷，两震相叠产生巨响，可消沉闷之气，达至通畅。应居安思危，不怠慢，安然自若。传说得此卦者，经商会不顺，但只要冷静从容，坚持中正原则，危机后，事业上可迈上新的高度。

初九

雷鸣莫惊恐，福致在其中。初九明天规，君子现笑容。

解说：初九寓意，惊雷令人恐惧，但如有敬畏之心反而是福。人们应敬守天规，自修反省，谨慎行事，就没有什么好怕，还可言笑自若。命理认为初九是一吉爻，传说得者好运到来，先惊后喜。

六二

天雷震来危，六二骑阳位。登高九陵上，失贝[①]莫须计。七日失复还，又见好形势。

注释：

①贝：指钱财。

解说：六二寓意，由于是以柔乘刚，曾受很大冲击，损失大量财物，但是不用担心，由于六二柔而得中，最后的机会会失而复得。命理认为六二是一凶爻，传说得者多难，或有争讼，小心为妙。

六三

六三位不当，雷震恐不安。因惧谨慎行，可以免灾殃。

解说：六三寓意，如果因害怕而小心行事，可能远离灾难。命理认为六三也是一凶爻，传说得者多愁多难，谨慎可免灾。

九四

九四震堕泥，刚阳不得志。守中必无害，审时与度势。

解说：九四寓意，处四阴之中，虽有心但在重阴之中不能发达，有如惊雷将其震落泥潭。命理认为九四仍是一凶爻，传说得者阻滞，欲振乏力。

六五

惊雷响彻空，四顾视惊恐。危行亿无丧[①]，无咎仍居中。

注释：

①无丧：无大损失。

解说：六五寓意，身居高位，虽隐藏危机，但如果小心行事，守柔顺之德，虽处危险之地也无灾。命理认为六五是一凶爻，传说得者身体受损，不吉利。

上六

上六位不中，雷声响隆隆。受惊直哆嗦，征讨会遇凶。
雷震不在身，其实在邻人。婚媾有微言，无咎莫认真。

解说：上六寓意，雷震已处边缘，力量渐弱，故虽然受震但影响不大，不过会被指为胆小。命理认为上六是凶爻，传说得者位高而危，夫妻亲人邻里皆遭难。

第五十二篇

诗化艮卦

一、原文

艮，艮其背，不获其身，行其庭，不见其人，无咎。

《象》曰： 艮，止也。时止则止，时行则行，动静不失其时，其道光明。艮其止，止其所也。上下敌应，不相与也。是以不获其身，行其庭，不见其人，无咎也。

《象》曰： 兼山艮。君子以思不出其位。

初六，艮其趾，无咎，利永贞。

《象》曰： 艮其趾，未失正也。

六二，艮其腓，不拯其随，其心不快。

《象》曰： 不拯其随，未退听也。

九三，艮其限，列其夤，厉熏心。

《象》曰： 艮其限，危熏心也。

六四，艮其身，无咎。

《象》曰： 艮其身，止诸躬也。

六五，艮其辅，言有序，悔亡。

《象》曰： 艮其辅，以中正也。

上九，敦艮吉。

《象》曰： 敦艮之吉，以厚终也。

二、诗化艮卦

两山相叠卦为艮，时止即止行则循。动静不失有分寸，前途光明倍精神。爻不相应失其所，行在庭院背其身。各自向前终无究，何妨不见某种人。君子深思不越位，该停则停心不分。

义理浅释：艮是代表两山对峙，互不干涉。艮卦是知止的智慧，一向受道家、墨家推崇。人要懂得自我控制，该做则做，不该做则不做；该讲则讲，不该讲则不讲。控制言行，思不出位，还要加强修养，以期达到时止则止，时行则行的最高境界。

象数浅释：传统认为艮卦是中下卦，卦象是下艮上艮叠的同卦。艮为山，二山重叠比喻静止。震卦动后便归于静止的艮卦。艮卦教人动静适宜，修身养性。传说得此卦者事业会进入停滞不前的状况，宜暂时停止，休养生息，休整后，机遇再来，便可大显身手。

初六

初六止于初，守正不得过。应止必需止，行事不招祸。

解说：初六寓意，在起步前如发现错误，就该马上停止，坚守正道，便不会出错。命理认为初六是一平爻，传说得爻者宜守本分，清心寡欲。

六二

六二止于腿，勉强跟大队。其心不畅快，也未作后退。

解说：六二寓意，自我约束才能脱离险境。既然无法改变别人，只好随别人行动，所以感到压抑。命理认为六二是一凶爻，传说得者运势不佳，多劳苦奔波。

九三

九三止在腰，背伤动不了。再动有危厉，心灼如火烤。

解说：九三寓意，虽得位但不居中，困于危险仍然运动，不会有好结果。

六四

六四止上身，无咎不需问。严格律自己，做事倍谨慎。

解说：六四寓意，发现自己处于危险境地，便开始严格要求自己，不乱说乱动，故无灾害。命理认为六四是一平爻，宜安分守己。

六五

六五止于口，慎言不用愁。居中得守正，为君作筹谋。

解说：六五寓意，能执守道，知道什么叫病从口入，祸从口出，管住自己的嘴巴，故没有灾难。命理认为六五是一平爻，传说得者是正人君子，言谈中正得体。

上九

上九境最高，大吉德敦厚。适可便终止，世事我看透。

解说： 上九寓意，大智若愚的境界，态度敦厚，如老庄的清静无为，无为而无不为，故取得成就。命理认为上九是一吉爻，传说得者多利多福，好上加好。

第五十三篇

诗化渐卦

一、原文

渐，女归吉，利贞。

《彖》曰： 渐之进也，女归吉也。进得位，往有功也。进以正，可以正邦也。其位，刚得中也。止而巽，动不穷也。

《象》曰： 山上有木，渐。君子以居贤德善俗。

初六，鸿渐于干。小子厉，有言，无咎。

《象》曰： 小子之厉，义无咎也。

六二，鸿渐于磐。饮食衎衎，吉。

《象》曰： 饮食衎衎，不素饱也。

九三，鸿渐于陆。夫征不复，妇孕不育，凶。利御寇。

《象》曰： 夫征不复，离群丑也。妇孕不育，失其道也；利用御寇，顺相保也。

六四，鸿渐于木，或得其桷，无咎。

《象》曰： 或得其桷，顺以巽也。

九五，鸿渐于陵，妇三岁不孕，终莫之胜，吉。

《象》曰： 终莫之胜吉，得所愿也。

上九：鸿渐于陆。其羽可用为仪，吉。

《象》曰：其羽可用为仪，吉，不可乱也。

二、诗化渐卦

渐之卦象如女归①，徐徐而进吉不危。刚建中正安邦国，往而有功得位归。山上有木渐生长，君子贤德大有为。艮止巽动进无究，改善习俗正纲维。

注释：

①女归：指女儿出嫁，古时女子出嫁必须经过一定的程序，此处比喻循序渐进。

义理浅释：渐卦代表顺应变化，慢慢上升，是渐进的智慧。渐进即从量变到质变的过程，要有耐心，不急躁，等待水到渠成。遇事不可慌张，也不能揠苗助长，趋势好则动，趋势坏则止。

象数浅释：传统认为渐卦是上卦，卦象为下艮上巽相叠的异卦。艮为山，巽为木。山上木逐渐生长，山也随之增高。这便是渐进。传说得此卦者事业会经历一个相对静止但稳定的时期。此时忌急躁冒进，必须脚踏实地，循序向上。以沉稳谦逊的态度对待一切，必有好的结果。

初六

初六岸边鸿渐飞，无知小雁会有危。只要忍耐不冒进，虽险祸害不跟随。

解说：初六寓意，年少无知，做事被人议论。不过，也因年幼，人们不会刁难。命理认为初六是一凶爻，传说得者时运不济，谋事不利。

六二

六二鸿飞落石磐，吃饱喝足尽心欢。二爻柔中位得正，自得其乐吉永延。

解说：六二寓意，柔位居中，上应九五之君，饮食充足，营养教养都不缺乏，怎会不吉祥？命理认为六二是一吉爻，传说得者无往不利，安乐处处。

九三

九三鸿渐落陆间，离群征夫不复还。妇孕不育失其道，利于御寇顺则安。

解说：九三寓意，要事业成功，必须依附团队，如单打独斗则难有作为。团结一起，更利于抵御困难。命理认为九三是一凶爻，传说得者多受惊扰，人情不睦，遭盗贼侵害。

六四

六四树木鸿飞落，飞到房顶栖其桷[1]。阴居柔位顺以巽[2]，卦象无咎可安乐。

注释：

①桷：指桷形的树木横枝。

②顺以巽：顺从和谦逊。

解说：六四寓意，如在位居九五的领导之下，言听计从必得赏识和关照，不会出错。命理认为六四是一平爻，传说得者须随遇而安，如能顺从柔和，会保平安。

九五

九五鸿飞上高岗，三年不孕妇白忙。终不受凌得所愿，坚守正道吉无殃。

解说：九五寓意，挂象居中得正，与六二正应，象征夫妻和睦，寓意如坚守正道，虽遇险阻，但最终能实现愿望，特别是在夫妻关系方面。命理认为九五是一吉爻，传说得者先难后易，三年必成。

上九

上九鸿飞上高山，羽可用仪[①]色斑斓。吉祥如意志不乱，浩鹄之志在向晚。

注释：

①羽可用仪：羽毛显得仪态万千。

解说：上九寓意，循序渐进到达终点，圆满成功，得到吉祥。命理认为上九也是一吉爻，传说得爻者大运到来，多福多利。

第五十四篇
诗化归妹卦

一、原文

归妹，征凶，无攸利。

《彖》曰：归妹，天地之大义也。天地不交而万物不兴。归妹，人之终始也。说以动，所归妹也。征凶，位不当也。无攸利，柔乘刚也。

《象》曰：泽上有雷，归妹。君子以永终知敝。

初九，归妹以娣，跛能履，征吉。

《象》曰：归妹以娣，以恒也。跛能履吉，相承也。

九二，眇能视，利幽人之贞。

《象》曰：利幽人之贞，未变常也。

六三，归妹以须，反归以娣。

《象》曰：归妹以须，未当也。

九四，归妹愆期，迟归有时。

《象》曰：愆期之志，有待而行也。

六五，帝乙归妹，其君之袂，不如其娣之袂良。月几望，吉。

《象》曰：帝乙归妹，不如其娣之袂良也，其位在中，以贵行也。

上六，女承筐无实，士刲羊无血，无攸利。

《象》曰：上六无实，承虚筐也。

二、诗化归妹卦

归妹卦为悦以动[①]，嫁女人伦始与终。天地不交物不兴，此中意义天道同。

柔乘刚位无攸利[②]，爻位不当征必凶。泽上有雷卦归妹，君子知敝[③]以永终。

注释：

①悦以动：喜悦而运动。

②无攸利：一无所利。

③敝：弊病。

义理浅释：归妹卦是寻找归宿的智慧，也是正确对待家庭事业的哲学。归妹本意是家人，引申义为归宿、归家。嫁娶应是两相情愿之事，不可以强迫苛求，否则便没有幸福可言。另外，此卦包含遵从自然规律、待时而动的思想。

象数浅释：传统认为归妹卦是一下卦。其卦象是下兑上震相叠的异卦。震为动，为长男，兑为悦，为少女。少女长男产生爱情，有婚姻之动，是嫁女之象，故称归妹。男婚女嫁，天地大义。传说得此卦者，若为女性多有障碍，思虑不决，求财多半途而废。

初九

初九嫁作娣[①]，此也恒[②]常规。跛子能走路，顺承则无危。

注释：

①娣：妾，侧室。

②恒：长久，指老规矩。

解说：初九寓意，知道自己地位低微，但仍持谦卑态度，守规矩，故也得吉利。命理认为初九是一吉卦，传说得者心想事成，有小德可获利。婚姻大顺，体有足疾。

九二

九二单目明，幽人[①]利坚贞。眼睛仍能视，守中不变更。

注释：

①幽人：囚徒

解说：九二寓意，做人难得糊涂，宽容忍让，坚守正道贞节，会有不错的结果。命理认为九二是一平爻，传说得者不宜进取，以静养避祸。

六三

六三以姐作陪嫁，以阴居阳位偏差。反归以娣[①]顺正制，实实在在不虚假。

注释：

①反归以娣：返回作陪嫁侧室的地位，另一解为姐被人家退回而嫁妹。

解说：六三寓意，做事急于求成，如在旧社会女子本不想做小妾，但急于出嫁，最后成了偏房。命理认为六三是一凶爻，传说得者会劳苦悲伤，受人压制。

九四

九四妹嫁迟，延期有其志。待到好时机，操之莫过急。

解说：九四寓意，做事不急于求成，虽说延长了时间，但结果圆满。命理认为九四是一平爻，传说得者须等运到，不宜躁动。

六五

帝乙嫁女周文王，衣着不及陪妾装。六五居中位自贵，吉祥如耀月几望[①]。

注释：

①月几望：月亮将近圆满。

解说：六五寓意，居中位贵，只要保持谦卑柔顺的态度，一定美满幸福。命理认为六五是一吉爻，传说得者鸿运当头，喜事连连。

上六

上六承空筐，杀羊是男郎。无血无筱利，新娘似白忙。

解说：上六寓意，夫妻关系不好，相互失去吸引力，难有好结果。命理认为上六是一凶爻，传说得者事多不顺，营谋不利。

第五十五篇

诗化丰卦

一、原文

丰，亨，王假之。勿忧，宜日中。

《彖》曰： 丰，大也。明以动，故丰。王假之，尚大也。勿忧宜日中，宜照天下也。日中则昃，月盈则食。天地盈虚，与时消息，而况于人乎，况于鬼神乎。

《象》曰： 雷电皆至，丰。君子以折狱致刑。

初九，遇其配主，虽旬无咎，往有尚。

《象》曰： 虽旬无咎，过旬灾也。

六二，丰其蔀，日中见斗，往得疑疾，有孚发若，吉。

《象》曰： 有孚发若，信以发志也。

九三，丰其沛，日中见沫，折其右肱，无咎。

《象》曰： 丰其沛，不可大事也。折其右肱，终不可用也。

九四：丰其蔀，日中见斗，遇其夷主，吉。

《象》曰： 丰其蔀，位不当也。日中见斗，幽不明也。遇其夷主，吉行也。

六五来章，有庆誉，吉。

《象》曰： 六五之吉，有庆也。

上六，丰其屋，蔀其家，窥其户，阒其无人，三岁不觌，凶。

《象》曰： 丰其屋，天际翔也。窥其户，阒其无人，自藏也。

二、诗化丰卦

离下震上卦是丰，丰者能大运亨通。君王大度无需虑，如日适宜照午中。日中昃[1]来月盈食，天地盈虚与时同。天人神鬼同此理，客观规律变无穷。

注释：

①日中昃：指太阳过了中午就会西斜。

义理浅释：丰卦是关于致丰、保丰的智慧。表示硕果累累大丰收，一切得到满足，但极盛必衰，如亢龙有悔。盛景隐藏衰退的趋势，要居安思危。日中则昃，月盈则食，天道如此，人道也如此。故此一定要把握进退时机。

象数浅释：传统认为丰卦是一上卦，其卦象是下离上震相叠异卦，电闪雷鸣，成就巨大，到达高峰，如日中天。但是要留意，事物由盛转衰，不可不警惕。传说得此卦者各方面都十分顺利，事业有成，经商有很大发展。但在气势盛大之时，要警惕隐患，百事宜守不宜进。

初九

初九遇配主，虽旬无害处。前往得相助，过旬[1]灾便入。

注释：

①旬：十日，也指十年或十二年。

解说：初九寓意，遇到相配的主人，两人为共同事业相互配合和帮助，即相得益彰。假如非要争个高下，就带来麻烦，不利于发展。命理认为初九是一平爻，传说得者有贵人提拔，谋望有成。

六二

六二丰成遮，日中星斗斜。前往得疑疾，有孚志共携。诚信启心志，可求吉无邪。

解说：六二寓意，君主昏庸，如发直言会惹祸上身，不如虚心守正，以虚心诚心启示君主，这样可自保，得吉祥。命理认为六二是一吉爻，传说得者久困之后能发财，涉讼者不辩自明。

九三

九三丰如旌，日中见小星。不慎折右臂，无咎也无成。

解说：九三寓意，你虽有才，但上级昏庸，难以施展，只能韬光养晦。命理认为九三是一平爻，传说得者营谋难遂，或明而受蔽，争诉日起，或手足有疾，难于做事。

九四

九四位不清，中午见斗星。投奔其夷主，昏暗幽不明。二四刚相遇，吉祥继续行。

解说：九四寓意，虽遇到昏庸的上级，不被重用，但如果踏实做事，尽职尽责，也有可能会遇到其他明主，有好的发展机会。命理认为九四是一平爻，传说得者明而受蔽，因获人解释而吉。做官受到领导和同僚的猜忌，位不安。

六五

六五来华章，庆誉兼吉祥。如君遇贤臣，美景百年长。

解说：六五寓意，如广纳具美德之士，作为辅佐，前景一定喜庆吉祥。命理认为六五是一吉爻，传说得者会得好人提挈，谋望称意。读书会取得佳绩。

上六

上六拥大屋，屋主似鸟翔。家蔽空无人，自藏非正常。三年不见人，凶兆必遭殃。

解说：上六寓意，居高自傲，不能谦恭服从君主，把自己禁闭于黑屋，拒绝与人合作，必以凶险收场。命理认为上六是一凶爻，传说得者骨肉相残，离祖成家，难免口舌之争。

第五十六篇

诗化旅卦

一、原文

旅，小亨。旅贞吉。

《彖》曰：旅小亨，柔得中乎外而顺乎刚，止而丽乎明，是以小亨旅贞吉也。旅之时义大矣哉。

《象》曰：山上有火，旅。君子以明慎用刑而不留狱。

初六，旅琐琐，斯其所取灾。

《象》曰：旅琐琐，志穷灾也。

六二，旅即次，怀其资，得童仆贞。

《象》曰：得童仆贞，终无尤也。

九三，旅焚其次，丧其童仆，贞厉。

《象》曰：旅焚其次，亦以伤矣。以旅与下，其义丧也。

九四，旅于处，得其资斧，我心不快。

《象》曰：旅于处，未得位也。得其资斧，心未快也。

六五，射雉一矢亡，终以誉命。

《象》曰：终以誉命，上逮也。

上九，鸟焚其巢，旅人先笑后号咷。丧牛于易，凶。

《象》曰：以旅在上，其义焚也。丧牛于易，终莫之闻也。

二、诗化旅卦

山上有火旅小亨，贞诚在外漂泊人。柔顺小心得吉报，旅之意义重千斤。君子处犯不留狱[①]，如用刑罚倍小心。征途漫漫历风雪，坚持终迎气象新。

注释：

①不留狱：不留犯人在狱里。

义理浅释：旅卦是教人在旅途中求安居的智慧。人生就是旅途，即使羁旅于外，寄人篱下，我们无论身在何处都应随遇而安，秉承柔顺贞洁的品德，困境中志不短，风霜雨雪中坚抱希望，耐得住寂寞，坚持信念，不断充实自己，走向胜利的未来。

象数浅释：传统认为旅卦是一下卦，其卦象是下艮上离相叠。此卦与丰卦相反，互为综卦。山中燃火，火烧不止，且不停地蔓延，如途中行人急着赶路，故称旅卦。传说得此卦者如同旅行在外，无依无靠。事业多处于草创、起步阶段。经商可能会遇到意想不到的问题。

初六

初六旅琐琐[①]，露财甘墜落。三心兼二意，志穷招灾祸。

注释：

①旅琐琐：旅行时鄙猥琐细，不得体。

解说：初六寓意，以阴居阳位，性格柔弱，目光短浅，还在旅途暴露财富，怎会有安全？命理认为初六是一凶爻，传说得者运气欠佳，须防灾难。

六二

六二旅途中，居舍有仆童。身怀财与帛，无忧获效忠。

解说：六二寓意，旅途中有足够的资金，还有忠心的僮仆，当然不会有事。命理认为六二是一吉爻，传说得者时来运转，营谋得利。

九三

九三旅店烧，忠仆也走掉。童仆视路人，失义天不饶。

解说：九三寓意，人在外，如不守持中道，保持冷静，困境中容易众叛亲离，难以安身。命理认为九三是一凶爻，传说得者运势转坏，多灾多难。

九四

九四阳居阴，异乡作旅宾。虽能赚钱财，非位不开心。

解说：九四寓意，长期漂泊在外，虽经奋斗赚到一些钱财，但身为异乡之客，心中仍不畅快。命理认为九四也是一凶爻，传说得者困在当前，有是非之争。

六五

六五射雉鸡，一箭命归西。喜得美名誉，只因位置宜。

解说：六五寓意，柔居君位，能得到贤臣辅助，荣誉与地位自然到来。命理认为六五是一吉爻，传说得者晚来行大运，名利双收。

上九

上九鸟焚巢，旅人初欢笑。其后又大哭，丧牛是凶兆。高位太刚强，消息好不了。

解说：上九寓意，因自高自大惹来一大堆麻烦。在外乡身处高位，一定要注意做人处世的态度。命理认为上九是一凶爻，传说得者先好后坏，乐极生悲。

第五十七篇

诗化巽卦

一、原文

巽，小亨，利有攸往，利见大人。

《彖》曰：重巽以申命，刚巽乎中正而志行，柔皆顺乎刚，是以小亨，利有攸往，利见大人。

《象》曰：随风，巽。君子以申命行事。

初六：进退，利武人之贞。

《象》曰：进退，志疑也。利武人之贞，志治也。

九二：巽在床下，用史巫纷若，吉、无咎。

《象》曰：纷若之吉，得中也。

九三：频巽，吝。

《象》曰：频巽之吝，志穷也。

六四：悔亡，田获三品。

《象》曰：田获三品，有功也。

九五：贞吉，悔亡，无不利。无初有终，先庚三日，后庚三日，吉。

《象》曰：九五之吉，位正中也。

上九：巽在床下，丧其资斧，贞凶。

《象》曰：巽在床下，上穷也。丧其资斧，正乎凶也。

二、诗化巽卦

巽卦重风意小亨，小有攸往令可申。刚阳中正阴柔顺，得位更利见大人。君子行事随风势，发布命令志不更。无孔不入变莫测，按时顺境向前奔。

义理浅释：巽卦是顺从和因时顺事而变的智慧。顺从正人君子，如风一样无孔不入，能聚能散，不断调整自己以顺应环境的变化，进退有度，不要优柔寡断，不陷入无原则性的危机之中。

象数浅释：传统认为巽卦是一中上卦，其卦象是上下巽重叠。巽为风，风重叠，势不绝，无孔不入。巽也是谦逊柔顺的代表，能够做到谦逊随和则无往不利。传说得此卦者性格飘忽不定。事业方面，开始时会遭遇困难，经商会面临激烈竞争。

初六

初六进退似艰辛，犹豫不决志失魂。利用坚贞守正道，勇猛果敢似武人。

解说：初六寓意，体弱性柔，进退失据，应用武人之道调整，使自己变得勇猛果敢。命理认为初六是一平爻，传说得者有得有失，可考虑从军。

九二

九二虽中位，巽在床底昏。借用史巫[①]卜，消灾与解纷。坚持行中道，吉祥邪不侵。

注释：

①史巫：古代神职人员。

解说：九二寓意，柔居中住，如能守住中正，祷告神明，可获吉祥。命理认为九二是一吉爻，传说得者有神明保佑，谋望顺利。

九三

九三太顺从，频巽[①]不由衷。终会得悔吝，只因意志穷。

注释：

①频巽：指朝令夕改。

解说：九三寓意，一个人没有主见，事事任人摆布，肯定没有好的结果。命理认为九三是一凶爻，传说得者运势低迷，有穷困之厄。婚姻门户低下，身体疲弱。

六四

六四悔恨终，田猎收获丰。柔居偶得位，行事必有功。

解说：六四寓意，得位且获上下帮助，寓意位高权重，又能笼络人心，必左右逢源。命理认为六四是一吉爻，传说得者好运当头，多福多利。

九五

九五吉祥位正中，没有善始却善终。坚守正道无不利，丁癸之日定成功。

解说：九五寓意，居中得正，以阳居阳，损于谦逊。没有良好开端却有良好结果，办事严谨缜密，必获吉祥。命理认为九五是一吉爻，传说得者无往不利。

上九

上九巽至穷，阴伏床底中。钱财又失掉，固守势必凶。

解说：上九寓意，一个被赶下台的君王，懦弱胆小，钱财被劫，穷途末路。命理认为上九是一凶爻，传说得者多有损失。

第五十八篇
诗化兑卦

一、原文

兑，亨，利贞。

《彖》曰：兑，说也。刚中而柔外，说以利贞。是以顺乎天而应乎人。说以先民，民忘其劳；说以犯难，民忘其死。说之大，民劝矣哉！

《象》曰：丽泽，兑。君子以朋友讲习。

初九，和兑吉。

《象》曰：和兑之吉，行未疑也。

九二，孚兑吉，悔亡。

《象》曰：孚兑之吉，信志也。

六三，来兑凶。

《象》曰：来兑之凶，位不当也。

九四，商兑未宁，介疾有喜。

《象》曰：九四之喜，有庆也。

九五，孚于剥，有厉。

《象》曰：孚于剥，位正当也。

上六，引兑。

《象》曰：上六引兑，未光也。

二、诗化兑卦

上兑下兑运亨通，阴爻在外阳刚中。上顺乎天下应人，坚持诚实乐融融。能悦于民民忘劳，为国捐躯忘险凶。君悦于民民忘死，悦民劝民大功用。

义理浅释：兑卦是以语言交流和用语言育人的智慧，也是与人相处、谈论快乐的艺术。想用语言说服人，首先要自身刚中柔外，刚中是内心有主见，有原则；柔外是谦虚和气，尊重别人。彼此交流要真诚，不要以言语阿谀奉承，讨好卖乖，那样做，便会失去人格和灵魂。

象数浅释：传统认为兑卦是一上卦，卦象是上兑下兑相叠，兑为泽，两泽相连，两水交流，上下相和，团结一致。兑为悦，朋友相助，欢欣喜悦。传说得此卦者有双喜之福。不过，男性也许有身陷色情招致损财的隐患。女性得此卦则吉。事业方面，做大事易成，做小事反而不成。

初九

和悦可得吉，初九行未疑。处孤自得乐，未必需人知。

解说： 初九寓意，虽在低处但是得位，懂得和悦地与人交往，也懂自得其乐，所以吉祥。命理认为初九是一吉爻，传说得者人情和合，诸事皆吉。

九二

九二诚信强，真情动对方。自有吉祥气，悔恨将消亡。

解说： 九二寓意，虽柔居刚位，但怀柔执中，如心志诚实喜悦地与人交往，定能吉祥。命理认为九二是一吉爻，传说得者鸿运当头，事事顺利。

六三

六三位不当，求悦靠诈欺。道失必凶险，实在不适宜。

解说： 六三寓意，失位，不中不正，如果还脚踏两船，追求情欲享乐，即难逃凶险。命理认为六三是一凶爻，传说得者有意外之灾，甚至失道忘身。

九四

九四喜有庆，商兑[1]心不宁。小病除去后，前景便光明。

注释：

①商兑：商讨喜悦。

解说： 九四寓意，如纠正小毛病，拒绝诱惑，就可得喜庆之事。命理认为九四是平爻，传说得者从商可获利。

九五

九五位虽正，小人成上宾。邻阴有凶险，枉处九五尊。

解说：九五寓意，被巧言令色的小人所迷惑，放纵自己，必为此付出惨痛教训。命理认为九五是一凶爻，传说得者时运不济，有意外之灾。婚姻不成，身体皮肤有疾。

上六

上六虽说位居阴，引诱取悦似小人。未得光明与正大，此时警醒九五君。

解说：上六寓意，虽得位，但受引诱，与损友一同欢悦，不是光明正大之品行，这样下去势必凶险。命理认为上六是一平爻，传说得者运气平平，营谋不利。

第五十九篇

诗化涣卦

一、原文

涣，亨。王假有庙。利涉大川，利贞。

《彖》曰：涣，亨，刚来而不穷，柔得位乎外而上同。王假有庙，王乃在中也。利涉大川，乘木有功也。

《象》曰：风行水上，涣。先王以享于帝，立庙。

初六，用拯马壮，吉。

《象》曰：初六之吉顺也。

九二，涣奔其机，悔亡。

《象》曰：涣奔其机，得愿也。

六三，涣其躬，无悔。

《象》曰：涣其躬，志在外也。

六四，涣其群，元吉。涣有丘，匪夷所思。

《象》曰：涣其群元吉，光大也。

九五，涣汗其大号，涣王居，无咎。

《象》曰：王居无咎，正位也。

上九，涣其血，去逖出，无咎。

《象》曰：涣其血，远害也。

二、诗化涣卦

涣卦便是水上风，冰融水散运亨通。君王宗庙祭先祖，凝聚国家意识浓。刚柔得位不穷困，内刚外顺王在中。利涉大川守贞正，以木为舟乘有功。

义理浅释：涣卦是聚散离合的智慧。涣散不一定等于凶险，天下无不散之筵席，情缘尽，猜忌生，便到应该分开的时候。涣散也促使陈旧制度瓦解，孕育新事物。关键是要抓住机遇，拯救涣散，促使其转向新的聚合。不散不聚，散财以聚人，散小以聚大，都是聚散的大智慧。另一种解释涣卦的“涣”是马跑散的意思。

象数浅释：传统认为涣卦是一下卦，其卦象是下坎上巽相叠，坎为水，巽为风，风行水上波澜兴起，四方流溢。涣是流水之意，象征组织和人心涣散。传说得此卦者事业处于困境，主要是人心不齐。经商会遇到市场混乱，方向不明。

初六

初六位阴柔，壮马来拯救。柔能顺阳位，吉祥无灾咎。

解说：初六寓意，虽说位置很低，但若能主动结交朋友，借助他人力量，也一定吉祥。命理认为初六是一吉爻，传说得者得上方提携，营谋皆遂。

九二

九二水奔岸，有凭不用慌。急速离险地，吉顺悔便亡。

解说：九二寓意，如处于危险之中，不要指望别人帮忙，要迅速离开，等待时机好时再来。命理认为九二也是一平爻，传说得者心想事成。

六三

六三洪流身上冲，此爻不正也不中。幸应上九志在外，除垢之后无祸凶。

解说：六三寓意，失位，不中不正，但有上六帮助，可以走出困境。命理认为六三是一平爻，传说得者常获利。

六四

六四洪流继续冲，涣散小群显大公。阴柔得位承九五，聚群如山吉永隆。匪夷所思得结果，卦主无私居正中。

解说：六四寓意，作为领导助手，能助其协调内部人际关系，必受重用，人生吉祥如意。命理认为六四是吉爻，传说得者时运亨通，谋利可得。

九五

九五汗水似洪流，汗发人体除污垢。清洗王宫各弊端，王居正位应无咎。

解说：九五寓意，身任领导，出现了问题，若出一身大汗，然后像除去污垢一般拨乱反正，便可改变局面，避免灾难。命理认为九五是一吉爻，传说得者好运当头，事事皆吉。

上九

上九流血后，避灾远处走。大乱达大治，长远无灾咎。

解说：上九寓意，如果事情已经糟糕到像出血一样，就应远远避开，另谋高就，免于被害。命理认为上九是一平爻，传说得者先难后易，运势会有好转。

第六十篇

诗化节卦

一、原文

节，亨。苦节不可贞。

《彖》曰：节亨，刚柔分而刚得中。苦节不可贞，其道穷也。说以行险，当位以节，中正以通。天地节而四时成，节以制度，不伤财，不害民。

《象》曰：泽上有水，节。君子以制数度，议德行。

初九，不出户庭，无咎。

《象》曰：不出户庭，知通塞也。

九二，不出门庭，凶。

《象》曰：不出门庭凶，失时极也。

六三，不节若，则嗟若，无咎。

《象》曰：不节之嗟，又谁咎也。

六四，安节，亨。

《象》曰：安节之亨，承上道也。

九五，甘节，吉。往有尚。

《象》曰：甘节之吉，居位中也。

上六，苦节，贞凶，悔亡。

《象》曰：苦节贞凶，其道穷也。

二、诗化节卦

泽上满水节便亨，阳居正中刚柔分。苦节过久非正道，穷途末路节不匀。悦以行险[1]节适度，中正亨通上下承。天地节而四时定，节制利财不伤民。

注释：

①悦以行险：怀着喜悦心情渡过险境。

义理浅释：节卦是节制和节俭的智慧。天地有节度才能常新，国家有节度才能安稳，个人有节度才能完美。然而，时移世易，节度也在变，如果呆板迂腐，过分节制，便是作茧自缚，无法与时俱进。

象数浅释：传统认为节卦是一上卦，其卦象是下兑上坎相叠，兑为泽，坎为水。泽有水而流有限，水多必溢于泽外。因此要有节度。节卦与涣卦相反，而且互为综卦。传说得此卦者事业处发展时期，吉凶未定，经商开业虽缓慢但有利，婚姻方面男性多走运。

初九

初九知通塞，不出户外庭。谨慎知节制，咎害遁无形。

解说：初九寓意，遭九二阻挡，故应该节制自己的言行，以静制动，才可避免罪咎。命理认为初九是一平爻，传说得者进取不利，宜守旧。

九二

九二阳居阴，守制太过分。足虽不出门，凶星也来寻。失时到极点，错过好时辰。

解说：九二寓意，本应有所作为，但过于保守克制，错失良机，结果有难。命理认为九二是一凶爻，传说得者时运不济，事不顺心。

六三

六三乘刚不节制，乐极生悲变哭啼。幸无灾难因有悔，不再咎之以严辞。

解说：六三寓意，不当位不居中，行为无节制，虽然无人责备，但也无好处。命理认为六三是一平爻，传说得者辛苦多，收获少。

六四

六四阴居阴，安节故能亨。上承九五道，柔顺便可赢。

解说：六四寓意，阴居柔位得正，自己能节制，上下关系皆融洽，故能亨通。命理认为六四是一吉爻，传说得者听命行事，平安是福。

九五

九五位居中，节俭味甘浓。可以获吉祥，前往受尊重。

解说：九五寓意，阳居君位，持中守正，做事有分寸，得臣民拥护，必定吉祥。命理认为九五也是一吉爻，传说得者好运当头，谋望有成。

上六

上六苦节已过中，苦节长久会遇凶。若然知悔凶可灭，苦节毕竟其道穷。

解说：上六寓意，节制过头，生活像个苦行僧，事业不思进取，身处穷途末路。

第六十一篇
诗化中孚卦

一、原文

中孚，豚鱼吉。利涉大川，利贞。

《彖》曰：中孚，柔在内而刚得中，说而巽，孚乃化邦也。豚鱼吉，信及豚鱼也。利涉大川，乘木舟虚也。中孚以利贞，乃应乎天也。

《象》曰：泽上有风，中孚。君子以议狱缓死。

初九，虞吉，有它不燕。

《象》曰：初九虞吉，志未变也。

九二，鸣鹤在阴，其子和之。我有好爵，吾与尔靡之。

《象》曰：其子和之，中心愿也。

六三，得敌，或鼓或罢，或泣或歌。

《象》曰： 或鼓或罢，位不当也。

六四，月几望，马匹亡，无咎。

《象》曰： 马匹亡，绝类上也。

九五，有孚挛如，无咎。

《象》曰： 有孚挛如，位正当也。

上九，翰音登于天，贞凶。

《象》曰： 翰音登于天，何可长也？

二、诗化中孚卦

兑为泽来巽为风，阴柔在内刚得中。坚持诚信得吉祥，小猪小鱼也宽容。利涉大川乘舟去，安全无虞船虚空。内心诚信须贞正，合乎天道理相同。议狱缓死[①]君子议，审判犯人以信忠。

注释：

①议狱缓死：尽量不判死刑。

义理浅释： 中孚卦强调诚信的重要性。诚信决定胜败，诚为不虚，信是坚守。诚信是美德，可感动天地万物。诚信是人的道德底线，不可突破。持中守信则身和、家和、国和、天下和。

象数浅释： 传统认为中孚卦是一下卦，其卦象是下兑上巽相叠，巽为风，兑为泽，泽上有风，风波涌起。传说得此卦者风波难免，运气欠佳，但守诚则可避凶，有惊无险。

初九

初九卦之端，自虞无凶险。初心如若动，反而有变迁。谋后动则吉，只因意志坚志。

解说：初九寓意，处于下卦兑的开始，兑代表欢愉，如能安于现状，一切都吉利，反之，想改变而有所行动，会给自己带来麻烦。命理认为初九是一吉爻，传说得者有贵人相助，谋事有成。

九二

九二母鹤鸣树阴，小鹤一旁和着吟。我有好酒相祝愿，与你分享心连心。

解说：九二寓意，由于阴柔居中，上面有六三、六四两阴庇护，如守中道，愿意与人分享，会得到朋友、同事支持。命理认为九二爻是一吉爻，传说得者无往不利。

六三

六三阴柔不正中，依赖匹配欠从容。或鼓或罢随人去，或泣或歌只附庸。居不当位心无主，不如初九虞无凶。

解说：六三寓意，失位，妄想向上攀附，求更大发展，但障碍重重，得不到好的结果。命理认为六三是一凶爻，传说得者运势颠倒，事多反复。

六四

六四月几望[①]，好比马匹亡。居阴位得正，无吝不用慌。无奈绝初九，上承九五王。

注释：

①月几望：月近十五但未圆。也有一种解释为已圆。

解说：六四寓意，忠心于九五，断绝与初九的关系，在工作选择上，紧跟上级才能免去麻烦。命理认为六四是一平爻，传说得者可能被提拔，但有破财之忧。

九五

九五位正当，尊贵是君王。有求必有应，无咎运兴邦。

解说：九五寓意，中孚卦主，君位尊贵，以诚信施惠天下，天下保太平昌盛。命理认为九五是一吉爻，传说得者人情和合，谋事皆成。

上九

上九翰音[①]登于天，音虚不实怎能延。忠笃[②]内丧求虚名，不知改悔必凶险。

注释：

①翰音：锦鸡的声音。

②忠笃：忠厚老实。

解说：上九寓意，名过其实，徒有外表，虽然曾经成功过，但为此而趾高气扬，不可一世，故注定失败。命理认为上九是一凶爻，传说得者虚而不实，前路凶险。

第六十二篇
诗化小过卦

一、原文

小过，亨。利贞。可小事，不可大事。飞鸟遗之音，不宜上宜下，大吉。

《象》曰： 小过，小者过而亨也。过以利贞，与时行也。柔得中，是以小事吉也。刚失位而不中，是以不可大事也。有飞鸟之象焉，飞鸟遗之音、不宜上宜下，大吉，上逆而下顺也。

《象》曰： 山上有雷，小过。君子以行过乎恭，丧过乎哀，用过乎俭。

初六：飞鸟以凶。

《象》曰： 飞鸟以凶，不可如何也。

六二：过其祖，遇其妣。不及其君，遇其臣。无咎。

《象》曰： 不及其君，臣不可过也。

九三：弗过防之，从或戕之，凶。

《象》曰： 从或戕之，凶如何也?

九四：无咎。弗过遇之，往厉必戒，勿用永贞。

《象》曰： 弗过遇之，位不当也。往厉必戒，终不可长也。

六五：密云不雨，自我西郊。公弋取彼在穴。

《象》曰： 密云不雨，已上也。

上六：弗遇过之，飞鸟离之，凶，是谓灾眚。

《象》曰： 弗遇过之，已亢也。

二、诗化小过卦

艮下震上小过享，利守正道与时行。阴柔中位小事吉，大事不宜难高升。上逆下顺飞鸟象，此谓飞鸟有遗音。大吉宜下不宜上，小事过错有可能。

义理浅释： 小过卦是掌握尺度、不走极端的智慧。视具体情况具体解决，有时难免矫枉过正。大事坚持原则，小事上可容许有犯错空间，自绑手脚，可能一事无成。小过所提倡的是人要甘愿做小事。天下之事，小有小的优势。柔中守正，就可以小胜大。

象数浅释： 传统认为小过卦是一中上卦，卦象是下艮上震相叠。艮为山，震为雷，雷鸣山上，不能不畏惧。阳大阴小，四阴超二阳，阴稍超过阳，故称小过。

初六

初六鸟在窝，强飞便为过。致祸由自取，必凶不用说。

解说： 初六寓意，能力低，学识浅，却逞强，必招凶险。命理认为初六是一凶爻，传说得者不顺天时，灾难会随时来临。

六二

过祖遇妣[①]守寸分，不遇君王却遇臣。六二柔处中正位，谨守臣道不越君。

注释：

①过祖遇妣：请示家事时，越过祖父而向祖母请示。

解说： 六二寓意，柔居中位，做事守规矩和安本分，注意不越位，不弄错对象则吉。命理认为六二是一平爻，传说得者运气平顺，或有人相助。

九三

九三恃刚不设防，易犯小人受其伤。阴过于阳遇凶险，忘此教训代价昂。

解说： 九三寓意，不安于现状，自恃刚强，容易出事。命理认为九三是一凶爻，传说得者时运不济，谨防意外，勿躁进。

九四

九四刚无咎，不过更居柔。恰好能相遇，灵活作筹谋。往险必警戒，执着终不久。

解说： 九四寓意，凡事不可强求，要等他人自愿接受，如主动前往则反而不妙。永守中正之道，可平安无事。命理认为九四是一平爻，传说得者宜安守，不可妄为。

六五

六五布密云，不雨但成阴。风自西郊来，奈何雨未淋。弋鸟变射猎，猎取今未闻。

解说： 六五寓意，虽处领导地位，但能力有限，当务之急是要找贤人辅助。命理认为六五是一平爻，传说得者不利谋事，守旧为佳。

上六

上六阴盛亢过头，犹如飞鸟入网兜。此兆固然是凶险，天灾人祸实堪忧。

解说：上六寓意，过分到了极点，便非常危险。命理认为上六是一凶爻，传说得者时运不济，若不知进退必自取其祸。

第六十三篇
诗化既济卦

一、原文

既济，亨小，利贞，初吉终乱。

《彖》曰：既济亨，小者亨也。利贞。刚柔正而位当也。初吉，柔得中也。终止则乱，其道穷也。

《象》曰：水在火上，既济。君子以思患而豫防之。

初九，曳其轮，濡其尾，无咎。

《象》曰：曳其轮，义无咎也。

六二，妇丧其茀，勿逐，七日得。

《象》曰：七日得，以中道也。

九三，高宗伐鬼方，三年克之，小人勿用。

《象》曰：三年克之，惫也。

六四，繻有衣袽，终日戒。

《象》曰：终日戒，有所疑也。

九五，东邻杀牛，不如西邻之禴祭，实受其福。

《象》曰： 东邻杀牛，不如西邻之时也。实受其福，吉大来也。

上六，濡其首，厉。

《象》曰： 濡其首厉，何可久也？

二、诗化既济卦

既济似是万物终，大小皆亨乐融融。刚柔当位利贞正，事初皆吉柔当中。终止之心图安逸，止极则乱其道穷。水在火上即既济，君子防始患其终。

义理浅释： 既济卦虽然代表成功渡过，大功告成，但是如何面对成功，居安思危更加需要智慧。创业容易守业难，结束不意味发展的停止。安定里面潜藏着动荡，吉利背后隐藏着危机。物极必反，树立忧患意识才可永立不败之地。

象数浅释： 传统认为既济卦是一中上卦，其卦象是离下坎上相叠。坎为水，离为火，水火相交，水在上压倒火势，求火功成，故名既济。但功成后，不好的事情开始发生。传说得此卦者如能不懈怠则可保吉祥，若骄傲自满、不可一世则有凶，求财似成实不成。

初九

初九曳轮[①]逆其刚，濡[②]其尾部阻其航。慎终如始无灾咎，居安思危及早防。

注释：

①曳轮：拉住车轮。

②濡：湿。

解说：初九寓意，初步有成，宜放慢进取速度，不宜冒进一策安全。命理认为初九是一平爻，传说得者时运未到，安然不动可保无咎。

六二

六二妇失茀[①]，莫寻不用急。只因守中道，不久可复得。

注释：

①失茀：丢掉头巾。另一解释为丢掉首饰。

解说：六二寓意，柔居中位，更与九五正应，所以，虽然最初有些阻滞和不快，但假如坚持中正之道，静等机会，一定成功。

九三

九三高宗[①]伐鬼方[②]，三年克之元气伤。小人可赏不可用，紧守此道国运长。

注释：

①高宗：商朝君王武丁。

②鬼方：商朝当时的敌方。

解说：九三寓意，胜利须经艰苦卓绝的努力，来之不易，如果贪功冒进，必定凶险，在紧急情况小人也只可赏励，不能重用。

六四

终日戒备要谨慎，六四摆渡需小心。繻有衣袽[1]可防患，应疑则疑祸不生。

注释：

①繻有衣袽：用破烂的衣服堵渗漏。

解说：六四寓意，居外卦之始，将要发生变化，前景多惧，应该小心慎重。命理认为六四是一平爻，传说得者运气平平，有备即无患。

九五

东邻盛祭宰大牛，西邻薄祭胜一筹。九五得时实来福，吉祥到来不用愁。

解说：九五寓意，处于志得意满之时，忌心生骄奢。保持现状，虔诚恭敬更为重要。命理认为九五是一吉爻，传说得者利近，谋和西方则吉，远谋和东方则凶。

上六

过河濡其首，上六过了头。既济极兴盛，难以太长久。

解说：上六寓意，事情成功之后，须更加小心，否则难保日后不败。命理认为上六是一凶爻，传说得者好运过头，危险将临。

第六十四篇

诗化未济卦

一、原文

未济，亨，小狐汔济，濡其尾，无攸利。

《彖》曰：未济亨，柔得中也。小狐汔济，未出中也。濡其尾，无攸利，不续终也。虽不当位，刚柔应也。

《象》曰：火在水上，未济。君子以慎辨物居方。

初六，濡其尾，吝。

《象》曰：濡其尾，亦不知极也。

九二，曳其轮，贞吉。

《象》曰：九二贞吉，中以行正也。

六三，未济，征凶。利涉大川。

《象》曰：未济征凶，位不当也。

九四，贞吉，悔亡，震用伐鬼方，三年，有赏于大国。

《象》曰：贞吉悔亡，志行也。

六五，贞吉，无悔。君子之光，有孚吉。

《象》曰：君子之光，其晖吉也。

上九，有孚于饮酒，无咎。濡其首，有孚，失是。

《象》曰：饮酒濡首，亦不知节也。

二、诗化未济卦

火在水上未济临，柔得中位六五君，小狐渡河湿其尾，有始无终渡艰辛。六爻虽不当其位，刚柔相济也连心，君子辨物须谨慎，继续努力向前奔。

义理浅释：未济卦涵盖事情尚未成功时期待未来的智慧。新时期总开始在旧过程中，新旧之间没有不可逾越的鸿沟。在事业未竟时，君子要明辨事物，不要急躁冒进，努力使事物向好的方向发展。《易经》以未济卦为结尾，充分反映了事物变化发展的思想。宇宙无穷无尽，人要完成的事业也永无止境。

象数浅释：未济卦被认为是一中下卦，其卦象是下坎上离相叠。离为火，坎为水。火上水下，火压水势，救火不成，故名未济。传说得者吉凶未定，事业运气欠佳，经商前景不明。总的运势呈初衰后盛之象。吉凶未定，也预示未来可能有新的希望。

初六

前面水深难越过，初六求生欲渡河。小狐湿尾有忧吝，不知终极是如何。

解说：初六寓意，过高估计自己，贸然前进，会招来麻烦。命理认为初六是一凶爻，传说得者经营不利，无路可走。婚姻不幸，身体病在下身。

九二

九二贞吉因居中，遇事小心莫前冲。驱车渡河曳其轮，身处未济莫贪功。

解说：九二寓意，不要贪功求快，应放缓进取速度，步步为营，居中守正，定获吉祥。命理认为九二是吉爻，传说得者谋望可成，无往不利。

六三

六三未成功，出征必遇凶。阴柔居阳位，不当不正中。如要涉大川，反而会成功。

解说：六三寓意，如地位不利，还急躁冒进，必定凶险。命理认为六三是一凶爻，传说得者应见机行事，不宜妄动，妄动必凶。

九四

九四守正道，吉祥悔消亡。三年齐奋战，讨伐国鬼方。志愿可实行，得奖于大邦。

解说：九四寓意，阳居柔位，而且脱离下面坎卦，只要坚持正道，再经一番努力，定能成功。命理认为九四是一吉爻，传说得者有贵人相助，名利双收。

六五

六五守正柔居刚，贞吉无悔胜悔亡。坚持诚信与谦逊，大地闪耀君子光。

解说：六五寓意，尽管个人能力不强，但能坚守正道，谦虚待人，用自己的德行感染他人，一样具有成功的条件。命理认为六五也是一吉爻，传说得者谋望有成，诸事皆吉。

上六

守诚去饮酒，上六应无忧。假如不节制，酗酒湿了头。诚信便消失，结果便堪愁。

解说：上六寓意，虽过去有功，但假如倨傲，不讲礼数，纵情享乐，便会引人反感，招来灾祸。命理认为上六是一平爻，传说得者行险而顺，如知节制，可保无事。

第六十五篇

诗化《系辞传上》精选

天尊地卑定乾坤，贵贱各位卑高陈。
动静有常刚柔断，方[①]以类聚物群分。
在天成象地成形，变化可见吉凶临。
一阴一阳谓之道，阴阳不测谓之神。

注释：

①方：指事物

八卦相荡刚柔匀，雷雨鼓润日月行。
乾坤之道成男女，乾道易知坤简能。
乾为元始坤作物，简易久大助贤英。

简易便是天下理，明理成就好人生。

圣人设卦观天象，撰写爻辞明吉凶。
得失悔吝知进退，白天黑夜刚柔同。
天地人为三极道，三极之道六爻动。
君子安居易之序，所乐玩者爻辞中。
玩辞玩占观象变，天佑吉利运当鸿。

天下法则易相同，弥纶之道[1]在其中。
仰观天文府察地，幽明之理便读通。
原始反终知死生，乐天知命不忧忡。
安土敦仁[2]故能爱，继善成性理依从。
易是生生不断变，天地之德德兴隆。
百姓日用虽不知，君子之道道不穷。

注释：

①弥纶之道：指天地规律

②安土敦仁：指随遇而安一直行仁。

广大配天地，变通配四时。
阴阳配日月，至德是简易。

神是未知无定方，易是无体变化藏。
天地万物皆包括，昼夜之道日月光。
出其言善千里应，其言不善无人听。
言出其身加乎民，其行虽近远也闻。
言行君子枢机发，不可不慎天地惊。

君子不密失臣子，臣子不密必断魂。

劳谦君子持至终，不以为德虽有功。
道德以盛为根本，礼节根本是谦恭。

二人同心利断金，同心如兰香远闻。
同心协力君子道，必可共荣与共存。

财若露眼盗易侵，冶容太妖易诲淫。
小人若乘君子器，盗贼必定会降临。

天衍之数五十支，去一而算用草蓍。
分而为二象为两，象三挂一夹手指。
象四分别揲四分，剩除之数名归奇。
除去归奇和挂一，重复步骤再算之。

观视卦爻重辞言，指导行动重其变。
制作器具重其象，预测吉凶重其占。
四般皆为圣人道，圣人之道意深远。
易道无思也无为，能知天下胜神仙。

易为何者实如斯，开物成务[①]变周期。
通志定业全天下，再来解决天下疑。
占动卦静六变爻，取象解爻告未知。
圣人洗心藏于密，吉凶患难同民栖。
明天之道察民意，循规办事最适宜。

注释：

①开物成务：指通晓各种事务，按理办事而取得成功。

易为太极有两仪，两仪生出四象枝。
四象再来生八卦，八卦定后吉凶知。
趋吉避凶大事业，辅助民生最适宜。
法象最大是天地，变通最大是四时。
悬象最大是日月，崇高富贵同一词。

书不尽言有爻辞，言不尽意象补之。
变而通之以尽利，占筮通神有揲蓍[①]。
形而上者谓之道，形而下者是器仪。
化而裁之谓之变，推而行之通天志。
施于天下民事业，默而成之圣人力。

注释：

①揲蓍：古代用蓍草问卜。

第六十六篇

诗化《系辞传下》精选

八卦成列象其中，刚柔变化爻多重。
爻有辞命明变化，吉凶悔吝动之功。
卦象之本是刚柔，适时而动利变通。
日月之道看光明，天地之道辨吉凶。

爻象变动在里头，吉凶可见在外周。
功业显现在变化，圣人之情辞中留。
天地大德生不息，圣人之位胜公侯。
禁民为非称之义，聚人靠财可同舟。

古时伏羲王天下，观天俯地观变化。
近取诸身远取物，欲通神明作八卦。

伏羲去后继神农，木制耜耒[①]千古功。
聚货天下民商市，各得其益噬嗑同。
神农去后帝尧舜，使民不倦变穷通。
穷则思变变则通，通则久远利无穷。
自天之祐无不利，易准天地吉永隆。

注释：

①耜耒：古代农耕的工具。

阳卦一君有二民，阴卦一民有二君。
一君二民君子道，二君一民小人遵。

月往日来光明生，寒来暑往岁月成。
尺蠖[1]之屈为其伸，龙蛇之蛰以存身。
学易致用崇德也，德之最盛易通灵。

注释：

①尺蠖：尺娥幼虫。

积善不足难成名，积恶太多必灭顶。
勿以少善而不为，小恶不除入险境。

君子安而不忘危，危忘只因警觉微。
治不忘乱常自悟，固如苞桑永不摧。

才德微薄位高层，智慧低下谋大成。
力量不足担重任，要避祸凶不可能。

三人行则损一人，一人行却一友临。
过多主张生弊病，成事在于少纠纷。

子曰君子要三修，安身后动不用愁。
易心后语为全察，定其交后才可求。
危以动则民不与，惧以语则民不收。
民不支持失民意，立心不恒有凶忧。

注释：

易心：安养修心

乾坤便是易之门，阴阳合德天行般。
杂而不越爻辞意，于稽[1]其类话当年。
彰往察来探奥秘，文辞精彩意非凡。
因贰[2]济民明天理，得失之报验人间。

注释：

①于稽：考察。

②贰：指乾坤阴阳之道，也有认为是指吉凶。

九德就在易当中，孔子表述有三重。
履为德基谦为柄，井居所迁困穷通。
困为德辩井德地，谦尊而光履和至。
损为德修复德本，恒为德固益德裕。
巽称而隐履和行，谦以制礼复自知。
益以兴利损远害，巽以行权井辨义。
被困守节不怨人，巽行权利教因势。

易之为书无不包，三极之道有六爻。
六爻文质互错杂，文不当时吉凶招。

周盛殷衰易之兴，知危警觉可安宁。
惧以终始便无咎，不明此道社稷倾。

天下至健便是乾，德行恒久易知险。

天下至顺便是坤，德行恒简知滞蹇。
通晓易理心欢愉，能定吉凶凭推演。
成就大业圣人才，人谋鬼谋百姓念。

第六十七篇
诗化《说卦传》精选

圣人为何经作易，探索神明占草蓍。
三天两地而倚数[1]，观变阴阳立卦辞。
发挥刚柔生变爻，和顺道德理于义。
穷理尽性至于命，建观三才天下知。

注释：

①倚数：奇偶数

天地定位后，山泽气相通。
雷风相搏击，水火不相容。
数往者顺去，知来者逆冲。
要求知未来，易卜可神通。

震出万物在东方，整齐之巽渐生长。
离南光明万物盛，坤育大地西南疆。
兑悦秋收西边喜，乾于西北争斗场。
艮在东北成终始，坎是劳倦北边藏。

风散雨润日晒干，艮止兑悦坤归藏。
乾是君象为首领，主宰万物王四方。

乾卦为首坤为腹，巽卦为股震为足。
兑卦为口艮为手，坎卦为耳离为目。

第六十八篇
诗化《序卦传》

乾天坤地万物生，物盈天地屯始萌。
物生必蒙应教化，物稚必养需卦迎。
饮食之需必有讼，师是集众解纷争。
成师必有人攀比，朋比之后畜小增。

小畜富有知礼仪，受之以履一齐跟。
紧跟王道履而泰，泰极否来遇艰辛。
否极泰来又通畅，重新创业结同人。
同人同心大富有，大有再持谦虚心。

富而有谦人优豫，优裕人随蛊来侵。
有事来临临者大，大后可观观万民。
观后噬嗑施刑罚，物不苟合受以贲。
贲饰至盛便剥落，剥尽枯杨又复春。

回复归来不虚妄，无妄反而畜满囷[1]。

大畜富有享颐养，颐养可动大过临。
事物不可终过动，过动便会坎得深。
坎深必须找附物，离卦便是坎要寻。
男女感情卦为咸，情需永恒实在难。
居不永恒便逃遁，物不终遁大壮还。
大壮自然有进步，晋升有机易伤还。
明夷伤后归家去，家人相聚最温暖。
家道终落人离去，暌离有难卦为蹇。

艰难困苦受以解，解决之道就是缓。
缓解虽好也有失，损失不停益却返。
得益也应知进退，益时也要作决断。
决断必遇姤卦临，相遇相聚萃一团。
聚而上者谓之升，不停上升困又还。

升困上者必反下，反下自然掉井间。
冲出井困需革命，革命就要鼎力担。
震为长子主鼎器，震动终止艮为山。
物不长静渐者进，进后必有归妹还。
归妹兴家家丰盛，家盛有人起旅帆。

旅无所容巽者入，说服入者起欢颜。
言欢过后又解散，解散之卦便是涣。
物不终离受之节，节而有信中孚返。

注释：

①满囷：满谷仓

中孚太正易小过，小难也非成事难。
既济似是功已成，未济意为永登攀。

第六十九篇
诗化《杂卦传》

乾为刚来坤为柔，朋比易乐兴师忧。
临卦观卦是何义，临是给予观请求。
屯不失居蒙显杂，震起艮止损益优。

大蓄是时无妄灾，萃聚之后升不来。
谦轻豫怠噬嗑食，兑见巽伏贲无彩。
随是无故蛊是伤，剥烂复返晋昼长。
明夷熄光井通顺，困则不通咸急相。
恒久涣离节为止，解是舒缓蹇难航。

睽离在外家人内，否泰相反似转轮。
大壮止长遯退避，大有得众同人亲。
丰多旅寡人在外，离上坎下水火匀。
小畜是寡履不处，小过不过中孚敦。
需懦不进讼反脸，大过颠灭失了魂。

诟是相遇渐女归，如待男子接家回。
颐是颐养享清福，既济便是大有为。

归妹嫁女女之终，未济渡河男之穷。
君子道长长永久，小人道消无人从。

第七十篇

日读两三卦，智慧生火花

——学《易》札记

《易经》是先人在求神问卜的过程中所发现的事物发展规律和真理，是中华民族的文明之源、智慧之泉、思维之根，是现代人做人做事的指引。研读这本经典之作是一生的功课。读懂、读熟、读通它，不可能是一朝一夕的事情，花上一年半载也许只能懂得皮毛，不要指望凭着一把蛮劲，一口气把它吃掉（还有一种说法：夜不读易，意思是怕入了迷，睡不着觉）。读易须讲究方法。我以为，循序渐进乃是不二法门。

最好以读《易传》入门。《易传》是读《易经》的最重要辅助读物。《易传》包括彖上下篇、象上下篇、文言、系辞上下篇、说卦、杂卦、序卦。彖和象是对《易经》卦名和卦爻辞的注释，文言是对乾坤两卦的经文解释。彖、象和文言，传统上，古人都喜欢并入《易经》经文内，所以我的诗化也将其放在《易经》的经文内。对八卦作具体解释的说卦传，按六十四卦顺序解释的序卦和不按顺序解释的杂卦，我则为之另立门户，对部分和全部予以诗化。其中的序卦传，不但文字优美如诗，而且具有丰富的辩证思想和逻辑思维。序卦传揭示了六十四卦结构的完整思想体系，弥足珍贵。

假如要由浅入深地学习《易经》的六十四卦，不妨从序卦传和杂卦传对每对卦的分析入手，从中可以看出，六十四卦的排列顺序，要么是相联相关，要么是相依相近，要么是相对相反。因此我们可以直接按照序卦传列出的六十四卦顺序，每日取出一对卦来学习。当然，我们也可以另辟蹊径，按照自己实际的运用和对每对卦的理解去选取。

以下是我自己参考序卦传和杂卦传而列出每天所阅读的易卦“对子”。先将六十四卦按相反、相联的准则配对。意思相反类：乾卦与坤卦、比卦与师卦、泰卦与否卦、剥卦与复卦、坎卦与离卦、家人卦与睽卦、损卦与益卦、震卦与艮、涣卦与节卦、既济卦与未济卦。意思相联类：屯卦与蒙卦、需卦与讼卦、小畜卦与履卦、同人卦与大有卦、谦卦与豫卦、随卦与蛊卦、临卦与观卦、噬嗑卦与贲卦、颐卦与大过卦、无妄卦与大畜卦、大过卦与小过卦、咸卦与恒卦、恒卦与遯卦、蹇卦与解卦、夬卦与姤卦、革卦与鼎卦、艮卦与渐卦、渐卦与归妹卦、萃卦与升卦、困卦与井卦、丰卦与旅卦、晋卦与明夷卦、巽卦与兑卦、谦卦与中孚卦。

第一对：乾卦与坤卦

乾坤卦是读《易经》的“钥匙”，《易经》的其他卦象都是由乾坤演化出来的。弄懂它，解其他卦便容易多了。首先，我们要明白“乾”是什么？乾的卦象是六爻皆阳，至刚至健，乾是天，是万物之始，乾像一条统领万物和时间的神龙。乾德是天行健，是自强不息，是不停运动。乾也代表君主、代表男性、代表马、代表头首等。而坤则是至阴至柔，代表大地，代表万物，代表母性，代表母牛，代表腹部，代表群众等。坤德是载物的厚德，代表顺从、温柔和安静。《易经》认为一阴一阳谓之道，也即是说，一阴一阳代表事物的两面，既相辅相成，彼此关联、交错，也可以相互转化。凡事物都有阴阳两面一说，就是朴素唯物辩证思想的基石。世界上几乎所有事物都可以用“阴阳两面”解释，例如天地、男女、水火、正负电子、虚实、刚柔。我从事提琴制作逾半个世纪，提琴共鸣箱的背面也蕴藏着阴阳之道。独阳不生，独阴必灭，阴阳交错赋万物以生长的契机。乾卦的最精彩部分，是用六条龙代表的六爻，解释事物发展的六个阶段，以此指导人们，须适时而动，否则就招致不吉或悔咎。另外，乾坤卦认为，事物演变的规律从来是物极必反，所以我们不但要因时而动，还要因时而变。乾坤卦中的用九用六爻，说的是：万物都会像阴阳那样可以互相转化，最高的境界（天则）是刚柔并重，因时因势而变，如此，可保持久和善终。乾坤卦还从“天尊地卑”出发，建立社会人伦关系的准则，如男人与女人、丈夫与妻子、君主与平民等（这些关系以前称为“道”）。前者为阳为刚，地位在上，占主导和引领的位置；后者为阴为柔，应辅助和顺从前者。坤卦的爻辞提倡，坤者（女人）要直大方、不习而无不利。意思是，女人要正直、大方和包容，不要过多动作，处处抢风头反而于已不利。要慎言，以避免祸患，要有温柔的美德，千万不能太强势。阴盛阳衰必将是与龙战于野，结果一定是灾难来临，血流成河。为坤者的最高境界是利永贞，意思是永远忠贞不变。

第二对：比卦与师卦

比卦和师卦是乾卦和坤卦之后第二对意思相反的错卦，两卦相错，从卦象看是水地师和地水比。“比”是找对象，而“师”是聚众打斗，二者意思相反，故杂卦传中有“比乐师忧”之说。

为什么呢？“师卦”其实在“比卦”之前，“师”是聚众用兵，兵者持凶器，打仗令生灵涂炭，故教人忧心、愁苦。“比”是朋比亲辅。现代有成语“朋比为奸”，但“朋比”一词是中性，意为人与人抱团。古时君主希望臣民都能辅助自己，现代人也一样，喜欢找到适合自己的合伙人。同一群志同道合的人团结，亲近贤人，站对队，定然是一件令人开心的好事。从“师卦”领会，人要拥有统领的智慧，要遵循小人慎用的原则。至于比卦，它要我们搞好人际关系，亲近可靠和贤明之人。

第三对：否卦与泰卦

否泰在《易经》六十四卦中也是非常重要的一对错卦。约定俗成的成语是“否极泰来”，但易卦中的排列是“泰极否来”。“否极泰来”含“一切在未来都会好转”的祈望，但古人用“泰极否来”突出忧患意识。地天泰卦象征宇宙间风调雨顺、国泰民安的最佳状态。《彖传》《象传》都认为，这种状态出现的根源是阴阳和谐相交。“阴阳相交”是《易经》关于对立统一的表达方式，着重于阴阳双方的相需相得，和谐统一。《泰》卦认为相交会演变为相背，泰极必然否来。而《否》卦与《泰》卦刚好相反，否是阴阳隔绝、天地闭塞、上下不通。卦象显示此时天在上，地在下。天在上则阳气上浮，地在下则阴气下降，双方处于分离状态。好在天道无情，泰极则否；而否极，也可能成为为泰的开始。《易经》还根据事物互相转化的辩证逻辑，认为君子与小人并非一成不变，君子不为善而作恶，变成小人；小人改过迁善，变成君子。当社会或人群呈现君子渐多小人渐少的趋势（即“小往大来”），社会便通泰向好。假如相反，大往小来的社会则弊病丛生。

第四对：复卦与剥卦

复剥卦也是一对错卦。剥卦是一阳五阴，而复卦是五阴一阳。《剥》卦所讲的阴阳，含义抽象，涵盖面广，凡是事物衰落，风气变坏，一切走下坡路，这些现象都属于剥的范围。剥是剥落、侵蚀。从卦象看，剥落从下开始，如树木从根上烂起。不过，如序卦所说："物不可以尽终，剥穷上反下，故受之以复。"《复》卦紧接《剥》卦之后，显示《剥》卦上那硕果仅存的阳爻，现在变成初九，重新在根部向上生长。春节对联上的"一元复始"，"一元"指这个阳爻所代表的乾阳正气。它虽然一开始很弱小，但却孕育着无限生机，是光明和胜利的源泉与起点。

第五卦：坎卦与离卦

坎为水，离为火。水火不相容是常识。坎的卦象不全指水，坎卦一阳困二阴是陷险境之象。不过《序卦传》说："坎者陷也。陷必有所丽，故受之以离。"据《说卦传》，"离，丽也。"离的性质是丽。丽是附丽的丽。陷于险难之中，必有所附丽。所以坎卦之后是离卦。离卦六爻，阴附丽于阳，所以亮丽。离卦二、五两爻是阴，阴为虚，有虚之象。离所以为明。属于水的坎卦虽然意为陷于险境，但如有扶助和靠山，必然会看到光明。从这个角度看，水火并不是完全不可相容。另外，坎卦又名习坎，习字，据《彖传》是"重"的意思。坎上加坎，险上加险，故称习坎。《易》纯卦八卦中的七卦卦名都用一个字，唯独坎卦加多一习字。究其原因，古人解释颇多歧异。多数人认为，由于其余七卦如乾、坤、震、艮，其德是健、顺、动、止，都是好事，是具正面意义的概念，独坎卦之德为险，是反面意义的概念，所以，卦名加个习字，强调险之重，险之难。从离坎卦可学会化险为夷的智慧。

第六卦：家人卦与睽卦

家人卦和睽卦虽然不是一对错卦，但如《杂卦传》所说，睽，外也，家人，内也。一内一外，意思也是相反。家人即一家之人，亦即一般人说的家庭。在家庭诸多关系中，以夫妇关系为根本。在社会诸多结构中，家庭也是最重要的单位。家人卦离内巽外，风自火出，表示家道须风风火火，兴旺发达。风自内而出，有自家而及于外之象。古人所谓齐家治国平天下，亦含此义。《序卦传》说："家道穷必乖，故受之以睽，睽者乖也。""睽"的意义是睽乖离散。家道必有穷日，家道穷则必睽乖离散，所以家人之后是睽卦。睽卦上离下兑，离为火，火焰向上；兑为泽，泽润向下。一个向上，一个向下，二体相违。离为中女，兑为少女。二女同居，但终归要嫁到不同人家，也有相违之象。在睽卦中我们应该学会化睽为合，求同存异。

第七对：损卦与益卦

损益卦互为综卦，内藏极大的哲学智慧，从中可以学到何为损上益下，何为损下益上，明白有损才有益。既不能损人益己，也要避免有损无益。损主要含义为俭省。损的范围可以涵盖国家、社会、集体、个人、上下等各个方面，如损刚益柔、损己益人、损己益公、损奢从俭，等。这些又都是事物发展过程中的普遍现象。《损》卦中，损的原则是该损当损。判断是否当损，标准之一是以社会公认的道德规范为准则。标准之二是客观上是否需要。损的思想基础是真心诚意，方式是自觉自愿，目的和意义在于提高人的思想境界，以国家、社会利益为重。在《益》卦卦辞里，“益”的含义并不专指上下，而是一切兴利保民的事情。它强调，干大事要主动，停留在坐而论道上只会贻误时机。损益卦既相反也相关，是矛盾统一体。从国家到企业、个人，都要处理好损益关系。损己益人，有善报也是有益处，反过来，损人益己，有恶报也受损，当然，最高境界是益人不损已，如益卦的六爻说：弗损，益之，大得志。

第八对：震艮卦

杂卦传认为震是起动，艮是静止，这对卦的一动一静，原意是相对。震卦据《序卦传》说：“主器者莫若长子，故受之以震。”又据《说卦传》，“乾，天也，故称乎父。坤，地也，故称乎母。震一索得男，故有长男的称呼。震卦一阳生于二阴之下，动而上进，有震动之象。”而艮卦根据《序卦传》说：“震者动也。物不可以终动，止之，故受之以艮。艮者止也。”事物之动总是相因的，动必有止，止必有动。震是动，艮是止。艮卦名艮而不名止，是因为艮除“止”的意义外还有山之象，具安重坚实之意。艮一阳居二阴之上。下静上止，故为艮。《易传》将这对卦赋以更多含义。震的智慧是这样：既懂得敬畏又临危不惧。而艮的智慧是：知止守静，伺机而动。

第九对：涣卦与节卦

杂卦传认为涣是离散，而节是节制。二者可视为相反。《序卦传》说：涣者离也。人在忧愁时气血结聚，喜悦时气血舒散。因为兑有散的意涵，所以兑卦之后便是涣卦。涣卦坎下巽上，风在水上吹过，水遇风则涣散，故卦名曰涣。而《序卦传》又说："涣者离也。物不可以终离，故受之以节。"顾及事物的离散，须有所节制，不可能任其永久离散，所以涣卦之后便是节卦。节是止，艮也是止，两者有何分别呢？节之止是限制，使事物适可而止，不至于发展过头。艮之止是静止不动，要求人们处于无为状态。节卦是泽上有水，泽中已有水，泽上又有水，水满则不容，故应有所节制。涣卦是散聚的智慧，而节卦是节俭节制的智慧。

第十对：既济未济卦

既济未济卦是六十四卦中仅仅次于乾坤卦的最重要错卦。它蕴含非常丰富的哲学原理，是整本《易经》中忧患意识的最佳表述。济是渡，既济卦以渡过江河比喻已然成功。卦中六爻全部得位，而且彼此正应，象征事物处于稳定状态。但卦辞又说"初吉终乱"，《彖传》说"终止则乱"。吉、乱并提，深刻地揭示这样的定理：事物过程的结束不等于发展的停止，因为安定里面潜藏着危机和动荡。将这一定理应用到国家、团体以至个人生活，指的就是人们常说的创业不易，守成更难。未济卦以河未渡过描画事业尚未成功的状态。本卦紧接在既济之后，卦象是上火下水，正好与既济相反。六爻的性质同样是彼此相反。这一切与既济上六爻辞联系，表明新时期肇始于旧过程之中，新旧之间并无不可逾越的鸿沟。物极必反，不要被胜利冲昏头脑。无忧患意识，胜利便是失败之始。解释这对卦，最宜引用孙中山先生的名言："革命尚未成功，同志仍需努力。"

第十一对：屯卦与蒙卦

屯蒙卦是乾坤后第一对有关联的卦。《序卦传》认为，有天地然后有万物。屯卦紧随就是鸿蒙中的幼芽。因是初生，所以脆弱，发展艰难；但也正因是初生，所以生机蓬勃，前途光明。从《易经》的六十四卦的结构看，乾、坤二卦象为天地，其余六十二卦象由乾坤二卦交错而生。屯卦之下卦为震，震义为动；上卦为坎；坎义为险。动而遇险，险中犹动，这一卦有艰难之义。《序卦传》又说："屯者，物之始也。物生必蒙，故受之以蒙。蒙者蒙也，物之稚也。"屯、蒙二卦相邻是有深意的。物始生，必处于稚小的状态。稚小的特点是童蒙未发。蒙是蒙昧，即不懂事，混沌无知。如镜之蒙垢，眼之蒙翳，将垢和翳去掉才能不"蒙"。蒙卦所强调的是：如何启蒙，如何施教。古人说，屯卦取建侯之义，"作之君"。蒙卦取求我之义，"作之师"。从卦象看，蒙卦上艮下坎。艮为山为止，坎为水为险。上下合而观之，便是下有险而上不能行之象。此象很像人，同屯卦所指，始生的稚小昏蒙关联紧密。屯卦是"起头难"之际的开悟。而蒙卦是启蒙的智慧，内容包括学校教育和社会教化以至刑法等方面。但凡人生，无不始于糊里糊涂，结束亦然。所以终其一生，都要以启蒙始，不间断地学习。

第十二对：需卦与讼卦

需讼卦是紧接屯蒙卦的另一对相联卦。《序卦传》认为："蒙者蒙也，物之稚也。物稚不可不养也，故受之需。需者饮食之道也。"依序卦传的观点，蒙卦之后是需卦。蒙卦说物之始生需要养育，所以需卦在蒙卦之后。养育的最大问题就是饮食。需卦讲的是饮食之道。此外，“需”在古代有等待的意思。虽有需求，也要等待，要奋斗；时机不成熟，则奋斗难成功。所以需卦强调等待。讼卦起于由需求引发的纷争。《序卦传》说：“饮食必有讼，故受之以讼。”人人需要饮食，饮食必然引起纷争，所以讼卦次于需卦。讼卦聚焦于“争讼”，基本思想是予以否定，认为无讼最好，息讼次之，争讼最坏。卦辞认为即使委屈难伸，被迫涉讼，也应请人中途调停。对于争讼到底的人，讼卦表现出强烈的鄙视，认为虽胜犹败。这一点反映的，是儒家“和为贵”的道德观念与“人与人的关系融洽”的社会理想。“需”是求生存和待机而动的智慧，“讼”是人际关系的智慧。

第十三对：小畜卦和履卦

比卦、小畜卦和履卦都有关联。《序卦传》说：“比必有所畜，故受之以小畜。”人与人之间产生亲比关系之后，齐心合力共事，必然有所积蓄，所以比卦后接以小畜。小畜卦名中的“畜”字有聚、止、养等多种含义，以阴柔凝聚力量，扶助阳刚又制约阳刚。阳刚所以能被制约，当然在于自身有自强向上的素质；而阴柔一旦积蓄力量过大，又会引起阴阳冲突。畜卦为何后边紧跟履卦？《杂卦传》说：“履不处也。”“不处”就是动，就是进。《说文》又说：“礼，履也。所以事神致福也。”履是礼仪，即当时社会人们立身处世的准则。意思是：人们富起来便会知礼仪。不过，“履”的意义还有另外一层，指向实践和行动。履卦认为。人处天地间，只要柔顺和悦，谦卑自处，则无险不可涉，纵然履踏虎尾也不妨。小畜卦教人积聚财富，乐善好施。履卦劝人谨守礼仪，小心谦卑。由此可见，《易经》卦与卦环环相扣，体现天地间至深至广的辩证法。

第十四对：同人卦与大有卦

同人卦和大有卦是《易经》中一对关联卦，其意蕴极端重要。同人卦涉及个人与全社会的关系，强调“与人同”。同人卦在否卦之后。《序卦传》说：“物不可以终否，故受之以同人。”“否”是天地不交，“同人”是上下相同。也就是说：“否”发展到一定程度会被“同人”代替。同人卦的“同”，及西周末年的史伯、春秋时期的晏子和孔子所说的“和”，指团结。对“和”是追求，是中华民族文化心理结构的重要因素，为历代思想家所继承，今日的人际和国际关系更应求和。“和”必有收获，故《序卦传》又说：“与人同者，物必归焉，故受之大有。”卦爻辞说明，同人的含义是追求对立面的相互渗透和统一。“大有”与“同人”这两卦的卦象是相反的。天与火是同人，反过来，火在天上便是大有。然而两卦的意思相关。大有卦只有一个阴爻居上卦之尊位，五个阳爻都归于它，被它包罗。《周易》以阳为大，以阴为小。众阳爻（大）皆为六五一阴爻（小）所有，所以叫大有。大有是“所有者大”的意思，即无所不有无所不大，亦即众多、繁庶之义。“大有”也是“有大”。所有东西，大即无所不在，物质文明、精神文明皆如是。国家昌盛，百姓富庶，这是普遍的愿望。卦辞对体现这种愿望的现实表示赞美。和气生财，同心协力必有好结果，这是中国人追求大同和富有的智慧。

第十五对：谦卦与豫卦

谦豫卦是一对有关联的吉卦。大有之后是谦卦，这排列并非偶然。《序卦传》说：“有大者不可以盈，故受之以谦。”事物发展到了一定限度就会满盈，满盈就会生变。这变化可能指走向反面。于自然界，“日中则昃，月盈则食”，于社会人事，治极则乱，盛极必衰。避免衰乱的不二法门是保持谦虚。作《易》者于“大有”后继以谦卦，正反映出这一深刻的辩证法观点。它告诫人们：越是富有越要谦卑。谦，百利而无一害。谦之为卦，上体是坤，坤为地；下体是艮，艮为山。山是高大的，地是卑下的。高大而甘居于卑下就是谦。那么，豫卦为何居于谦卦之后呢？《序卦传》说：“有大而能，谦必豫，故受之以豫。”生活富有，内心充实，能谦虚自处，这样的人必有安逸和快乐的结果。豫卦的“豫”字还有多种含义。例如，逸豫是安逸休闲，和豫是和悦顺畅，备豫是事有预备。豫卦所以名豫，可从以下卦象得到解释。从卦之德来看，豫卦外卦震，“震，动也”。内卦坤，“坤，顺也”。有顺而动，故可安逸。另外，凡事有预备，易得好的结果；好的结果到手，自然可以安逸。谦是谦虚的做人智慧，而豫是预备的做事智慧。

第十六对：随卦与蛊卦

随卦讲的随从、追随，就是从善。不论对人对事，都应择善而从，向善良者看齐。把“随”释作随从，意为通达权变。随卦震下兑上为什么会有“随”的意义？从卦之二体看，下卦是震，震为阳为动；上卦是兑，兑为阴为说。阳下于阴，此动而彼说，故然。随意是跟人，也是人跟，多人跟便有坏人混入。《序卦传》说：“以喜随人者必有事，故受之以蛊，蛊者事也。”以喜说随人是好事，好事长久必生坏事，所以随卦之后是蛊卦。蛊是“由无事生事”的意思，且生出的是坏事。木器长期不得通风会生蠹，积久会败坏。一个人生病，一个社会发生动乱，都属这种情况。蛊卦巽下艮上，山下有风，风在山下。风能够舒散万物，如果风受阻于山下，万物得不到风的舒散，久必生蛊，所以卦名“蛊”。蛊卦是日久生弊，积弊成乱，乱而复治。因此，面对积弊，须坚定信心，积极治理，把由乱到治的必然性和治蛊的能动性结合起来，推动新局面的出现，这是一种智慧。

第十七对：临卦与观卦

临卦和观卦互为综卦。《序卦传》说：“蛊者事也。有事而后可大，故受之以临，临者大也。”临卦由地泽二体构成，地下有泽便是临。地至卑下，本不能临物，但有比其更卑下的东西，那就是泽。临实际上是指事物的一种发展态势。临卦六爻下二阳上四阴。在复卦，只是初九一个阳爻，到了临卦，则发展到初九、九二两个阳。临卦强调阳临阴，刚临柔，这就自然而然地包含了上临下。所以，“临”也指居高临下，有管理和统治的含义。那么，“临”同“观”是什么关系？临是长大了，所以引起注意。《序卦传》说：“临者大也。物大然后可观，故受之以观。”观卦的“观”有两层含义、两个读音。一是自上至下，上边做出个样子给下边看，如亭台楼阁供人仰望。卦辞取的就是这个意义。“观”读去声。二是自下观上，此处的“观”读平声。观卦坤下巽上，风行地上，吹拂万物，有周观之象。观卦二阳在上，四阴在下。二阳居于尊位，为四阴所瞻仰也是观的意思。关于观卦，简单的理解是看卦。一是让人看，二是看别人。为让人看，须作出好榜样，或庄严肃穆，或盛大辉煌，从而收到感化的效果。看别人也有两方面含义——或臣民通过瞻仰，受到感化；或帝王观察民情民俗，从而决定教化措施。

第十八对：噬嗑卦、贲卦、颐卦

噬嗑和贲卦，卦象互为综合。对它们的卦义，解释历来复杂多样。比如，《序卦传》认为噬嗑是“合”的意思，贲是“饰”的意思。而《杂卦传》认为噬嗑是“食”的意思，贲是“无色”的意思。现当代多数专家认为，噬嗑卦指刑罚教育，贲卦指文采装饰。我为什么把颐卦也放在一起解读？因为颐也和饮食教养有关。噬嗑原意是“啃食啃到硬物”，引申义为用刑教化。噬是咬，嗑是合，噬嗑是口中有东西隔着，咬后才能合上，有“噬而后嗑”的意思。其卦象是震下离上，确实像是噬而后嗑。颐是上面一个阳爻，下面一个阳爻，中间有三个阴爻，像一个人张大嘴巴。如果只是张着嘴，嘴中没有东西，那就是山雷颐了。《易经》把口中有物，必噬而后合的道理用到社会人事上来。天下之事为什么往往不得和合呢？就是因为有事在做。有事要解决就要啃咬，“啃咬”可比拟为“用刑”。意思是治理国家不但靠教化，还必须有刑罚。噬嗑之后为什么是贲卦？《序卦传》的解释是：“嗑者合也，物不可以苟合而已，故受之以贲。贲者饰也。”贲的含义是饰，饰就是文。文与质相对，质是指事物的本质，文是指事物的装饰。孔子说的“绘事后素”，很能说明质和文的关系——画画时先有素白的底子，然后才涂上彩色。社会人事也是如此。噬而合，合而亨；人群聚合，必分等级名分。表达等级名分、伦理次序的礼仪制度就是“文”。噬嗑和贲卦如治理国家的一文一武。贲卦卦象是离下艮上，下为离，离为火为明；上为艮，艮为山为止。山下有火，文明以止，是文之象。颐卦同这两卦意思有相近之处。但与噬嗑卦相比，后者意为口中有物要先行去掉。颐主要指饮食，用以养人之身。养即颐，故卦名曰颐。颐卦具有普遍性意义。依孔子的理解，天地养育万物，君主养贤养万民，以及人之养身养德，都受“颐”此义涵盖。

第十九对：无妄卦和大畜卦

无妄卦与大畜卦有何关联？《序卦传》认为：“复则不妄矣，故受之以无妄。”无妄，指没有虚妄。这里的解释与《杂卦传》完全相反（后者认“无妄是妄”）。没有虚妄就是实。在《易》里，阴是虚，阳是实。无妄的卦象是震下乾上。震是动，遵循天之正道而动，不循正道而动便是妄动。无妄卦主张真实诚正，不要邪虚谬乱，其意义既适用于人，也适用一切事物。放弃了幻想，按天道而动便能走向大畜。《序卦传》说：“有无妄然后可畜。故受之以大畜。”“无妄”是有实而无虚妄。有实而无虚妄，故能畜聚，所以大畜就出现在无妄之后。就卦象而言，此卦乾下艮上，天藏于山中，大有所畜。另外，“大畜”还有止的含义。即等待时机，不盲目行动。取天在山中之象，应畜为畜；取乾为艮所止之象，应止为止。无妄和大畜都是动止的智慧，大畜更多了善畜的智慧。

第二十对：大过卦与小过卦

为什么要将大过卦和小过卦放在一起？因为它们是一对意思相近的卦。《杂卦传》说：“大过，颠也；小过，过也。”大过卦是易上经倒数第三卦，小过卦是下经倒数第三卦。“过”有过其常，矫枉过正的意思。《序卦传》说：“颐者，养也。不养则不可动，故受之以大过。”世间万事万物都养而后成，成了则能动，动了就产生“过”的问题。所以颐卦之后跟着大过。大过卦象巽下兑上，泽在木上。泽本来润养于木，而今竟把木淹掉，所以是大过之象。大过是四阳集居于卦之中，二阴分居于卦之本末。初六为本，上六为末。两头太弱中央过强。《易经》以阳为大，是说阳刚打破了平衡；不讲程序所以大过是凶卦。至于小过，《序卦传》说："有其信者必行之，故受之以小过。"中孚是讲信。人有所信，必表现于行动，有行动必有可能做过了头，因此小过在中孚之后。小过指小者过，小事过和过之小。小过卦之所以名"小过"因为阴谓小，小过四阴在外，二阳在内，是阴多于阳，小者过也，故为小过。小过是小事过，不是大事过。大事指关系天下国家之事，小事指日用常行之事。君子行贵得中，但是，有时候想"求中"却非要"过"一点不可。当过而过，然后可以亨通。小事过而亨利贞，利正。另一解是指小事可以超过，但超过的程度不宜过多。人们办事，有时为形势所迫，确实需要一"过正"来矫枉，过中以求中。卦辞显示，小过的范围是有条件的：一是宜下不宜上，要顺应人情事理，不可自以为是；二是宜小不宜大，只适用于日常生活，不适用于国家大事。总而言之，做人做事，小过可以接受，大过颠覆常理不能容许，这也许是中国人的独有智慧。

第二十一对：咸卦与恒卦

《易经》的上经，讲自然和人类的发展关系，开始的两卦是乾卦与坤卦。下经讲男人与女人的关系，开始的两卦是咸卦和恒卦。《序卦传》说："有天地然后有万物，有万物然后有男女，有男女然后有夫妇，有夫妇然后有父子，有父子然后有君臣，有君臣然后有上下，有上下然后礼义有所错。"依据《序卦传》的划分，上经三十卦至离卦结束，从咸卦开始共三十四卦为下经。

下经第一卦咸卦是一个新的开始。咸，音与义同“感”。古代的“感”当写作“咸”，“心”是后人加上去的。咸卦的“感”，意为感应。交相感应是人伦之始，从男女关系、夫妇关系到文明社会一切现象，它是产生的最初契机。这一现象最直观、最常见和最容易被人理解、接受。再看卦体：咸卦兑上艮下。兑为少女，艮为少男。少男少女感情深了便结成夫妻，此后又应如何？《序卦传》说：“夫妇之道不可以不久也，故受之以恒。恒者，久也。”咸卦讲的是夫妇之道，夫妇之道贵在长久，终身不变，所以咸卦之后便是恒卦。恒的含义是常久。恒卦何以有“常久”的含义？咸卦艮下兑上，少男少女之下，以男处女之下，有男女交感的寓意。恒卦则不然。恒卦巽下震上，长女在长男之下，男尊女卑。另外，恒卦震在外，巽在内，是男动于外，女顺于内。依照古人的观念，这是一夫一妻制家庭关系的常理。“恒”没有交感的意义，而有长久之意。恒卦也含事物“恒久”的道理。按照卦辞，“恒”有两方面的含义，一是“不易之恒”，另一是“不已之恒”。前者指不会变也不能变，后者指必然变，变了才能长久。就社会生活来说，“不易之恒”指政治、经济、道德等方面所必须坚持的根本原则。“不已之恒”指根本原则的实际运用，其特点是通权达变，因时、因地、因事制宜。不变中有变，变是为了不变。恒卦这一精义蕴含着辩证法。

第二十二对：遯卦与大壮卦

遯卦和大壮卦是下经的第二对综卦。《序卦传》认为“恒者久也。物不可以久居其所，故受之以遯。”恒是久的意思。任何事体，久了都走向反面，久了必变进为退。所以恒卦以遯继之。“遯”的原意是猪跑了，引申为退避。遯的卦象，上乾为天，下艮为山。天在上是阳物，具上进的性质。山是高物，却具止的性质。一个要上进，一个上止不进，乾艮相违，故卦名遯。遯卦所阐述的，是以退避、隐藏为特征的策略。它提醒君子在小人逐渐取得优势的环境中，须暂时退避。卦中六爻代表君子因时制宜、灵活运用退避策略。如此，遯卦同大壮卦如何联系？《序卦传》说："遯者退也。物不可以终，故受之以大壮。""遯"是阴长阳，意义是离去。"大壮"是阳，意义是强盛。事物衰尽必盛，消尽必长，退避必壮，所以遯之后是大壮。大壮卦下体是乾，上体是震，天雷作响，刚而动，大壮声威。《易经》里阳刚为大，阴柔为小。此卦阳刚达到四，过了中，有大者壮的意义。大壮即是阳之壮，吉享自不待言。但是，大壮而不贞正，即君子做事不循正理，只是一般的壮，而不是合于君子之道的"大壮"。遯是退避的智慧，大壮是强大的智慧。

第二十三对：晋卦与明夷卦

晋卦与明夷卦是下经的第三对综卦，意思相对又相联。《序卦传》解释："物不可以终壮，故受之以晋。晋者进也。"事物强壮便可能有"晋"的趋势。晋自壮来，壮才能长久。所以大壮之后受以晋卦。《杂卦传》也认为晋指前进，但与进不同，因它还有"明盛"的意思。晋卦下为坤，上是离，离在坤上，有光明出大地之象。故晋的全意是前途光明，进步盛大。而紧接晋卦之后，卦象是明入地中的明夷卦。《序卦传》说："晋者进也。进必有所伤，故受之以明夷。夷者伤也。"明夷的"夷"是受伤的意思，如果不断向前，到了一定程度便会受伤。所以晋卦之后紧跟着明夷。明夷离下坤上，明人地中，与晋卦恰成反对。晋卦是明盛之卦，明君在上，群贤并进。明夷是昏暗之卦，昏君在上。明夷之时，日不在地上，而是藏入地中，明者伤而昏暗。象征昏君在上，政治黑暗。《易经》这对卦充满忧患意识，告诫人们，光明时要进取，黑暗时要韬光养晦。

第二十四对：蹇卦与解卦

蹇卦和解卦也是一对综卦。《序卦传》认为："睽者乖也。乖必有难，故受之以蹇。"蹇，原义为跛腿，引申为行走不便，前进困难。蹇卦，坎在上而艮在下，坎险在前，艮止在后。面对又山又水很难前进，所以这一卦叫蹇。身在蹇中，要顺处平易之地，切勿止于艰险之中。另一说法，屯卦讲困难，要求见险能动。蹇卦则相反，遇险能止，止后才求进。蹇卦虽说处于逆境是坏事，但若能正确对待，便可引出好的结果。因此，处蹇之道，一是进退合乎时宜，二是宜有凝聚各方力量的核心，三是坚守正道。得道多助，壮大自己。困难不是永远存在的，所以《序卦传》说："蹇者难也。物不可以终难，故受之以解。"事物总要变化，"蹇"到一定程度，必然有解决之道。所以解卦放在蹇卦之后。解卦上边是震，下边是坎。震动，坎是险。震在外，坎在内，动于险外，出乎险而艰难消解。又，震为雷，坎为雨，雷雨已作，阴阳已和，问题得到解决，也有解之象。解卦象征大患成为过去的时代，揭示此时处理内部问题，目的和原则是国家的安宁太平。解的原则有二，一是宜静不宜动，不要无事求功，妨碍休养生息；二是宜速不宜迟，要及时解决出现的问题，免得积重难返。如果说蹇卦是遇难的智慧，解卦则是化险为夷的智慧。

第二十五对：夬卦与姤卦

夬卦与姤卦这对综卦中的“夬”，有两方面的意思，一是决心，一是断开。夬前卦是益，益尽就会断开，断开又复合，所以跟着就是姤。《序卦传》的解释是：“益而不已必决，故受之以夬。夬者决也。”夬是决去，即除掉，如君子“决去”小人。夬卦，乾下兑上，五个阳爻在下，一个阴爻在上，诸阳继续长进，就会把一个阴爻决去，表示君子道长，小人道消的趋势。夬另一意，暗示阳刚君子应有的决断气势。清除阴柔小人要行动果断，但不能走极端，须施中行之道。决断之后就会遇到新的开始。所以《序卦传》又说：“夬者决也。决必有遇。故受之以姤。姤者，遇也。”姤是遇，“姤遇”是不期而遇。古代诸侯会盟，有期而会叫“会”，不期而会叫“遇”。姤卦为什么在夬卦之后？因为决是分。有分开才有相遇，所以夬卦之后是姤。姤卦，巽下乾上，有风行天下之象。风行天下，接触万物，有“遇”的含义。另外，此卦一阴生于下，而与刚阳不期而会，有“遇”的意思，所以卦名“姤”。姤卦称阴与阳相遇，有防患未然之意。卦辞着重一般性意义，包括天地、男女、君臣种种相遇在内。

第二十六对：萃卦和升卦

萃卦和升卦又是一对关联的综卦。《序卦传》认为姤之后物会相遇，相遇必定成群。成群即聚，所以姤卦之后是萃卦。萃是丛生状态，引申为群聚、集聚。物以类聚，人以群分。自然和社会，都是在聚集的状态中生存、进化、发展的。“聚”会慢慢向上升发。故《序卦传》又说：“萃者聚也。聚而上者谓之升，故受之以升。”物积聚起来，必然会增高，所以萃卦之后便是升。升的含义是前进、向上。升之为卦，巽下坤上，巽为木，坤为地，木在地下，必萌发生长、增高，是上升之象。事物顺势上升，由低到高，如幼苗长成大树。要依时顺势，从容而行。升卦有两个特点，一是柔升和渐进，与刚升的一步登天有别；二是因时而升，不是急躁用事。在一个社会生活，有德有才者自然会不断提升。

第二十七对：困卦和井卦

困卦和前一卦的升卦是意向相反的一对，故《序卦传》说："升而不已必困，故受之以困。"升是自下往上升。自下往上升须用力气，如果上进力竭气衰，必受所困。故升卦之后便是困卦。困是疲惫困乏的意思。因为坎下兑上，若水在泽上则泽中有水，今水在泽下，是泽中干涸无水之象。泽中应有水而无水，正是困乏的表现。困顾名思义就是有关困境的问题。在现实生活中，困境大致有两类，一类是物质方面的，另一类是精神方面的。如何对待困境，本卦强调要有志气，人穷志不穷，要坚持中道，在困境中磨炼毅力、等待时机，再从实际出发，用行动冲破困境。困久了就会被围变成井困，故《序卦传》又认为事物不可能永远上升，上升不了就是困，困的结果必然反向于下。古时世间之物以井为最下，所以井卦次之于困卦之后。井卦巽下坎上。坎为水，巽为木且有入义。巽木下入而坎水上升，恰有井之象，故卦名井。井困虽也是困，但井是上下相通，而且井是有德之物。所以卦辞首先介绍井与井水的稳定、丰富、广泛等特点，比喻君子养民，应该常行不渝，出于公心。接着，又以汲水器具在即将离开井口时出了毛病的常见现象，告诫君子贵在坚持道德修养，保证好事能善始善终，不致功败垂成。

第二十八对：革卦与鼎卦

革卦与鼎卦是一对十分对应的综卦，其意思既相对又相联。革故鼎新是大家都熟悉的成语。《序卦传》说："井道不可不革，故受之以革。"井一经掘成便经久存在，所以有"改邑不改井"的说法。但是因为长久存在，就需要清理、修治，亦即需要革。所以井卦之后次之以革卦。这个革字就是改革、革命的意思。革卦离下兑上，泽中有火，火水是两个相灭相息之物，现在处在一起，水灭火，火涸水，有变革之象。革讲的是变革问题，变革能否成功，关键在于把握时机和取得人民拥护。要变革就要鼎新，故《序卦传》又说："革物者莫若鼎，故受之以鼎。"这个说法非常有道理的，鼎可以把腥物煮成为熟的，把坚硬之物煮为柔软。它能使水火同处相合为用而不相害。因此鼎卦在革卦之后。鼎卦之所以名鼎，既取其象也取其义。取其象，从全卦来看鼎卦的下一爻阴爻似象器之足；二、三、四爻是阳爻，阳为实，中实而容物，似象器之腹；上二爻，似象器之耳，上一爻似象器之铉。取其义，鼎卦是巽下离上，木入于火燃烧器具，故有烹饪之义。能烹饪之物便是鼎。六十四卦以实物名卦者只有井与鼎。鼎还寓意版图和政权，故成语还有问鼎中原、一言九鼎，讲的就是这个鼎。

第二十九对：渐卦与归妹卦

渐卦是渐进的智慧，归妹是讲男婚女嫁。表面看它们好像没有什么关联，其实归妹与渐是反对卦。艮下巽上的卦象构成渐，中爻皆阳，取象女归，由于当时女子婚嫁必备六礼，有一个循序渐进的过程，从而引申出渐的概念。事物的进行要按部就班、循序渐进，就像女子婚嫁有一个合礼过程那样。归妹卦是上震下兑，中爻皆阴而且柔乘刚。所取之义恰与女归相反。渐与归妹两卦主要反映了殷周之际婚姻制度。卦渐的六爻以大雁飞行为例，由近到远，由低到高，由水中到陆地，循序渐进，比喻事物发展的内在要求；掌握渐进的智慧，有助于社会安定，有助于克服急躁病冒、揠苗助长的行为。

第三十对：丰卦与旅卦

《序卦传》和《杂卦传》都认为：丰者，大也。丰卦被安排在易卦的第五十五卦，不知是有意还是巧合？五十五是天地之数，当然为无限大。所谓丰，原指阴影大至蔽日，即日蚀。它不但指“大”，还包括丰富、丰足、丰富。卦名丰，不是一般的“丰大”，而是指日蚀时蔽日的阴影。丰这一卦，离下震上，震为动、离是明。明照动享。能照能享，必然致丰大。丰卦讲丰，不但描述丰满盛大的状态，还着眼于如何“致丰”。核心思想是“明以动”。用“明”指导动，便是实现丰满盛大之途，也是保卫丰满盛大的关键。关于丰卦之后的旅卦，《序卦传》说：“丰者，大也。穷大者必失其居，故受之以旅。”丰大到了极点，容不下太多人，便出现向外发展的旅人。所以丰卦之后跟着旅卦。旅之为卦，艮下离上，山止于下，火炎于上，有去其所止而不居之象。又离在外，有丽乎外之象，故曰旅。旅卦所说的旅被引申为离家外出，滞留他乡，包括经商、逃难、周游列国等行为。旅卦之“旅”同今天的“愉快旅游”大不相同，古人安土重迁，把长期离家看成万难之事。

第三十一对：巽卦与兑卦

巽卦与兑卦是旅卦之后又一对综卦。《序卦传》说：“旅而无所容，故受之以巽。巽者入也。”“旅”像水上浮萍，飘浮无定。这局面不会长久，总有一天会被容纳，所以旅卦之后出现巽卦。巽的意思是入。巽之“入”有两层意思，一是阴伏于内，二是阳入而散之。总的含义是进入、渗入、深入。深入事物之中，要谙事物之理，因此，“巽”派生出顺从、谦逊的含义。《序卦传》又认为：“入而后说之，故受之以说。兑者，说也。”“兑”即“说”，与“悦”通。兑卦，兑下兑上，上下二体都是一阴在二阳之上，有喜见于外之象。“说”是致亨之道，我能说于物，物必说而予以我。兑卦的悦，实际上说的是与人相处应彼此心情舒畅气氛和谐。做到这一点并不容易，要有基础，这就是卦辞所提的“贞”。“贞”，指的是正确的原则，在古代主要指道德规范和行为准则。刚中，内心有主见，有原则；刚内柔外，谦虚和气，尊重别人。

第三十二对：谦卦与中孚卦

为什么要把谦卦和中孚卦作最后一对，因为我觉得，无论做人还是处事，谦虚和诚信都是无往不利的。谦卦是大吉卦，中孚是小吉卦。《序卦传》认为：“节而信之，故受之以中孚。”节必须有信，制度定出来，要看执行。执行，则看人们是否守信。节制而诚信才能使人信服。中孚卦象是泽上有风，风行泽上而感动于水中。再者，中孚是兑下巽上，分上下二体。上下二五都是阳中实，合上下二体为一卦，则四阳在外，二阴在内，为中虚。中实为信之质，中虚为信之本。内外皆中实而全体中虚便是中孚之象。中孚卦讲道德修养，主旨是强调诚与信。诚与虚伪对立，指真实、不欺骗。诚与信既是道德情操，又是对行为的评价，追求两者融合，表里一致。上文已提过的谦卦，是三爻皆吉，上三爻也称有利，全爻无悔吝凶咎。所以，无论人道和天道，都应谦虚，守诚信。

学易须知

尽管《易经》早已被以孔子为首的义理学派等译释为智慧宝典和哲学之书，但它骨子里原是卜筮之书，书中有很多卜筮的术语和概念。这些术语和概念，有如《易经》的骨架和血肉，我们一定要先将它们弄清楚，才能把握《易经》的真正含义。

我尝试以诗的形式写下读《易》时碰到的概念和术语，希望大家凭借浅易的诗句理解术语和概念的基本意思，从而进入《易经》的堂奥。

谁创周易？

阴阳八卦伏羲创，卦爻解辞周文王。孔子十翼成导读，三圣智慧《易经》藏。

《易经》三义：

《易经》原则三精华，变易简易不变化。假若君能握此道，遇事如神不须卦。

何谓经传？

经为原文传为释，孔子解之有十翼。彖象文言序杂说，系辞上下最精辟。

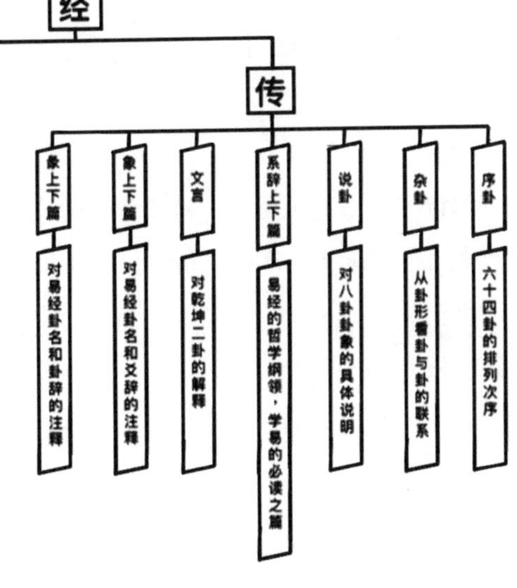

注释：

孔子十翼：包括象辞上下传，象辞上下传，文言，系辞上下篇，说卦传，杂卦传，序卦传。

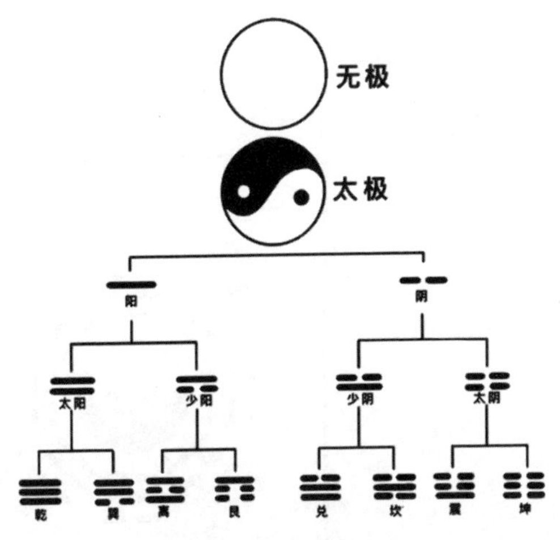

何谓太极？

太极本是万物源，两极阴阳在两边。两极生出四时象，四象再生八卦连。

六十四卦

何谓阴阳？

天地万物包阴阳，阴阳之理万物含。阴阳相对又相吸，形影不离永循环。

解说：《易经》将阴阳对立统一的事物，又称之为两仪。阴阳两者的关系是互相依存、相互制约又相互转化。

八卦对象

天为乾来地为坤，离是火来水是坎。巽作风来雷作震，兑属泽来山即艮。

先天八卦

八卦伏羲创在先，上乾下坤南北连。火东水西连左右，
兑巽左右在上边。艮是西南震东北，两卦方位在下端。

先天八卦数字

一是乾来八是坤，二是兑来七是艮。三是离来六是坎，五是巽来四是震。

后天八卦

文王创卦名后天，火南水北上下连。左震右泽各西东，艮左乾右在下边。巽是东南坤西南，坤巽两卦在上端。后天卦有中宫位，实际应用此是源。

后天八卦数字

一数坎兮二数坤，三震四巽五中正。六是乾来七是兑，九是离来八是艮。

八卦象咏

乾三连兮坤六段，震仰盂兮艮覆碗。离中虚兮坎中满，兑上断兮巽下断。

解说：最初的乾卦就是三长横，坤卦是六短横；震卦是上四短下一长像一个碗状，艮卦是上一长下四短像个倒置的碗；离卦上一长中两短下一长，所以说离中虚，坎卦是上两短中一长下两短，故说坎中满；兑卦是上两短下两长，故说上断，而巽卦是上两长下两短，故曰下断。

乾坤生六子

三阳是乾父中坚，三阴是坤母永贤。一阴二阳兑少女，二阴一阳艮少年。

一阴在中水中女，中男一阳火中间。二阳一阴巽长女，二阴一阳震长男。

六十四卦

三极之道变六爻，一阴一阳叠相交。八卦变成六十四，卦卦相连须记牢。

六十四卦次序咏

乾坤屯蒙需讼师，小畜履泰前有比。否后同人和大有，谦豫随蛊临观之。噬嗑贲剥复无妄，大畜过后便是颐。大过坎离咸恒遯，大壮晋到接明夷。家人暌蹇解损益，夬姤萃升困井底。革鼎震艮渐归妹，丰旅巽兑涣节时。中孚小过到既济，未济出后各卦齐。

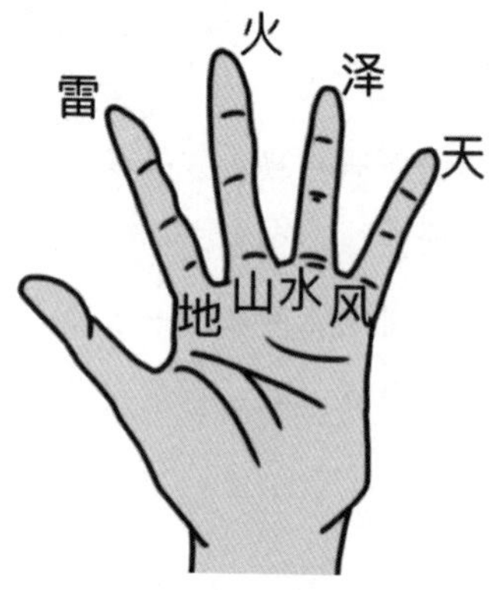

六十四卦象手掌速记口诀

世界无限大，易可将其细。如你会掌握，乾坤在手里。

手上有八卦，六十四变化。天泽火雷上，风水山地下。

一直三横三交叉，来回叫出各种卦。只要背熟七首诗，六十四卦便拿下。

直对卦

天风姤风天小畜，水泽节泽水困足。山火贲兮火山旅，雷地豫兮地雷复。

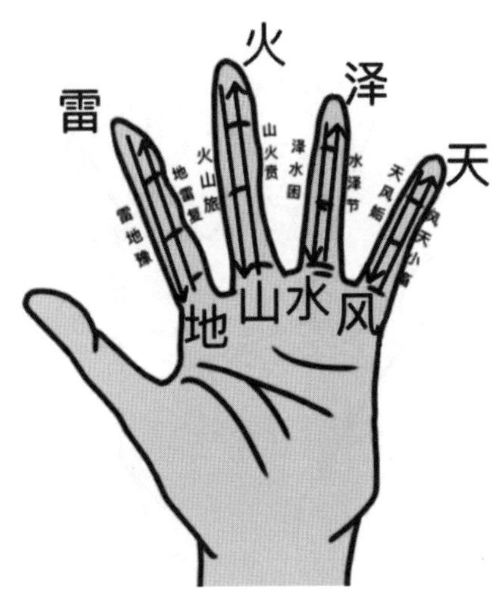

横对卦

火泽暌泽火革命，风地观兮地风升。天雷无妄天大壮，水山蹇山水蒙尘。

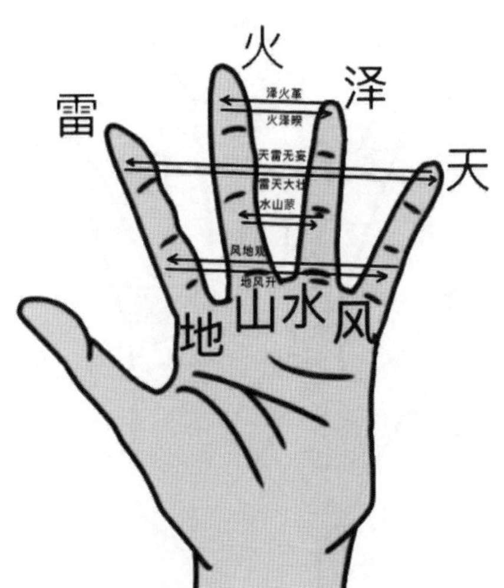

联横对卦

水风井兮风水涣，地山谦山地剥烂。天泽履兮泽天夬，火雷噬嗑雷火丰满。

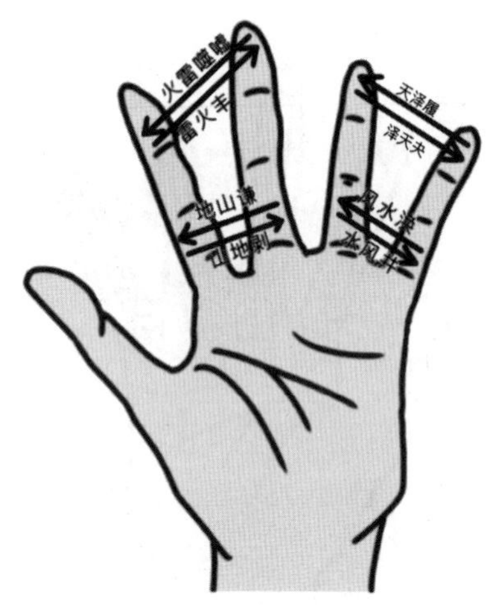

隔横对卦

雷泽归妹泽雷随，水地比兮地水师。天火同人火天大有，山风蛊风山渐移。

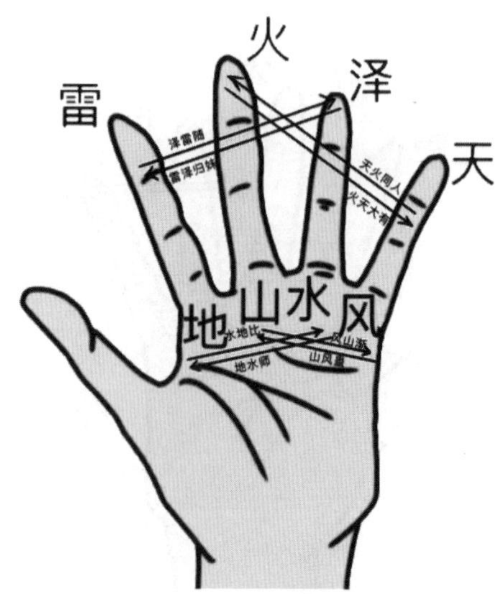

斜对卦

天山遯山天大畜，泽地萃地泽临屋。火风鼎风火家人，雷水解水雷屯谷。

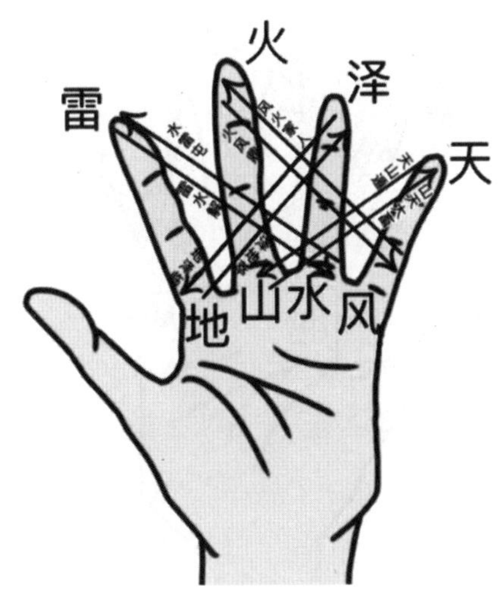

正斜对卦

天地否兮地天泰，山泽损泽山咸盖。既济未济水火颠倒，风雷益雷风恒态。

互斜对卦

天水讼兮水天需，火地晋地火明夷。风泽中孚泽风大过，雷山小过山雷颐。

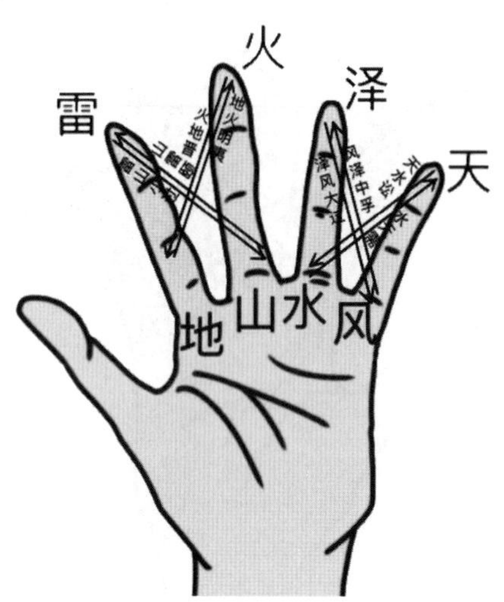

吉凶六种程度

吉是吉祥水端平，吝为艰难连绮兴。厉已危险凶未卜，悔为烦恼水将倾。

咎已出事承责任，凶是祸殃水翻瓶。吉凶程度分六种，好坏依次要分明。

本卦之外的各种卦名

错卦便是阴阳反，综卦则是上下转。互卦藏在一六间，之卦便是爻在换。

解说：错卦是指两卦的关系全卦阴阳爻交错，综卦则是上卦下卦各爻爻体倒转相反，而互卦是以五、四、三为上互卦，以四、三、二为下互卦，都是在一六爻之间。之卦是为本卦依动爻之阴阳变化而形成的新卦。

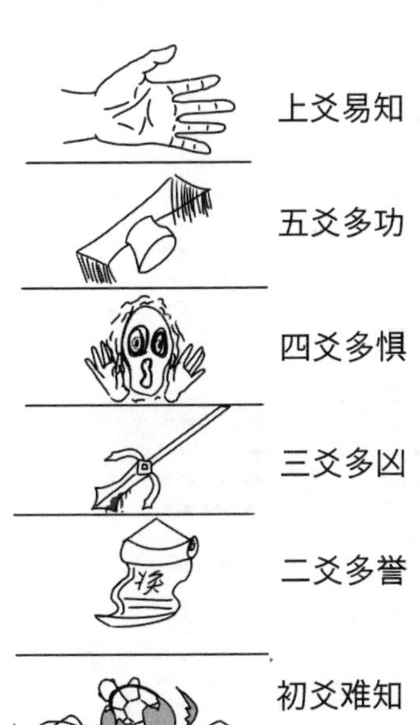

爻位的属性

初爻难知刚启蒙，二爻多誉位居中。三爻多凶内卦末，四爻多惧难由衷。

五爻多功至尊位，上爻易知外卦终。事物大小各属性，六爻发展状不同。

爻位身份

各爻各自有身份，六爻宗庙五爻君。四是公侯三将相，二为大夫一平民。

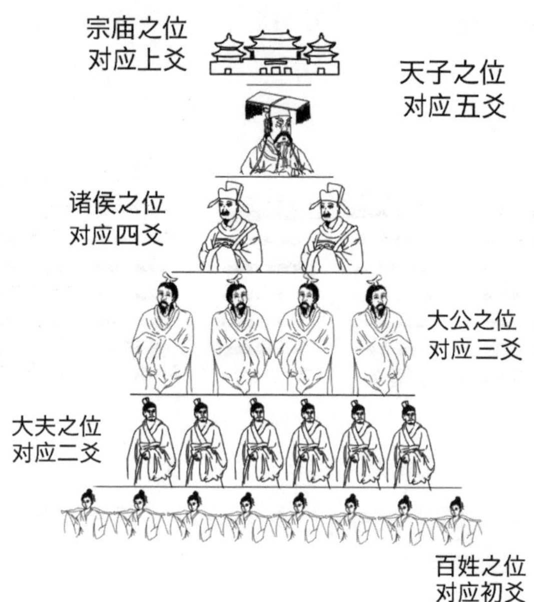

卦爻的相互关系

每爻皆有六阴阳，阴为两短阳一长。阴阳据承比互应，得中当位各有章。

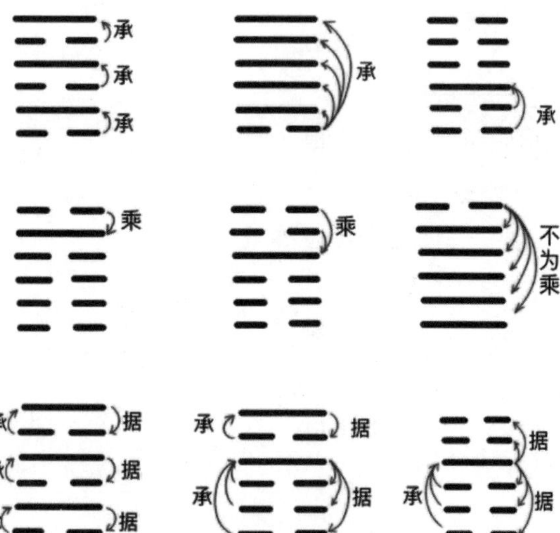

阴爻应在二四六，阳爻应在一三五。阴阳若然得正位，六爻位置才不误。

阴在阳下便是承，阴在阳上却是乘。一阴不可乘五阳，此中道理要分清。

阳爻阴上是为据，阴爻阳下是为承。两爻相近是为比，两爻相距是为应。比应皆看阴阳配，相斥同性吸异性。

起金钱卦的方法：

传统上有各种各样的不同占筮方法，最古老的有揲蓍布卦，还有金钱卦，测字卦，方位卦，姓名卦，时间卦等。这里只是介绍最简单实用的金钱卦。金钱起卦传说是由战国时代的鬼谷子发明。金钱卦所使用的钱币最好是古旧的铜钱，但用新的硬钱币也是可以的。起卦的原则是有疑则卜，无疑则不卜，信则求卜，不信则不求卜，半信半疑的也可以起个卦以求心安。起卦预测可以运用《诗化〈易经〉》会更加简单和明了。起出卦象后，查照《诗化〈易经〉》便可在两三分钟内得出结果。

起金钱卦口诀

三枚钱币可通神，一摇一砸定乾坤。两枚朝上是少阳，两枚朝下是少阴。

三枚朝上老阳变，三枚朝下变老阴。一爻一砸摇六次，摇砸六次一卦临。

解说： 用三枚相同的钱币合于双手摇动然后掷出，这样会出现四种情况：一是三枚钱币中有两枚正面朝上，这叫作少阳之象，可记为一，意即阳爻；二是三枚钱币中只有一枚正面朝上，这叫作少阳之象，可记为--，意即阴爻；三是三枚钱币皆正面朝上，这叫作老阴之象，可记为X，意为变爻，这变爻在主卦中是阴爻，在变卦中是阳爻；四是三枚钱币都是反面朝上，这叫老阳之象，可记为0，也是变爻，这变爻在主卦中是阳爻，在变卦中为阴爻。

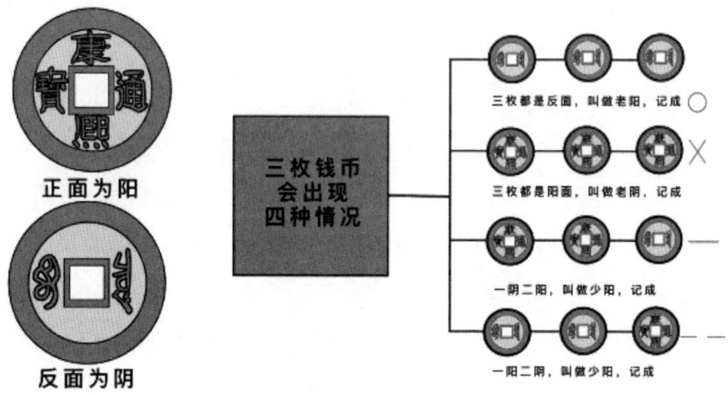

如此连续六次掷出的六个爻便可构成一个卦象，画爻时每一爻都要按由下而上的顺序画出。老阳和老阴称为变动之动爻，动爻变化后的卦称为变卦或之卦。刚开始摇出的为主卦，主卦是测事情的开始，而变卦所测出的是事情的结局。

三个金钱投六次，你要如何看卦辞。只要能背这首诗，主卦变卦尽可知。

六爻如不变，便看主卦辞。一爻如有变，便看变爻辞。

二爻如有变，变爻上为主。三爻如有变，两卦一同思。

四爻如有变，静爻下为主。五爻如有变，变卦静爻辞。

六爻全都变，便看变卦辞。如遇乾坤卦，用九用六时。

解说：取卦的原则如下：第一，如摇出的六爻中没有变爻就用本卦的卦辞去解卦。第二，如摇出的六爻中有一个变爻就用这个变爻的爻辞解卦。第三，如果摇出的六爻中有两个变爻就用这两个变爻的爻辞解卦，但是解卦以上爻为主。第四，如果摇出三个变爻时就用本卦的卦辞结合爻辞解卦，但是爻辞中以下爻为主。第五，如果摇出四个变爻，则用另外两个静爻解卦，并以下爻为主。第六，如果摇到五个变爻则用变卦的静爻爻辞解卦。第七，如果摇到乾、坤两卦就用用九，用六的爻辞解卦。其他卦则用变卦的卦辞解卦。

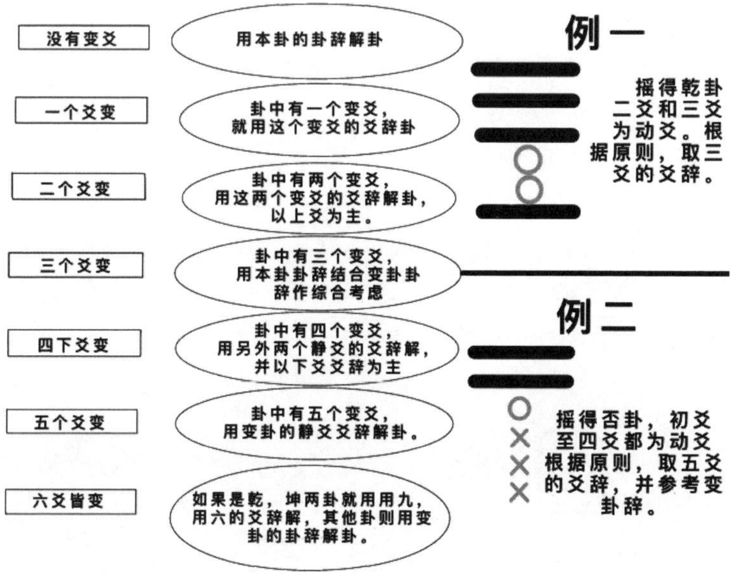

起文王八卦口诀

六十四卦金钱课，取钱六枚不再多。确定阴阳正反面，掌中摇后摆在桌。

由下至上摆出卦，按卦查易便捷妥。此卦只解你现状，以后境况不包罗。

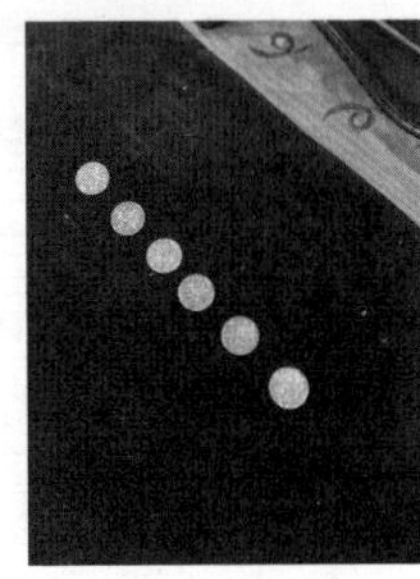

后 记

在精神生活上，西方人主要的凭借是宗教信仰，而中国人靠的是聪明、智慧和历史经验。《易经》是中国人不可替代的精神源泉。特别是它的初始版本，由于年代久远，文字简古含诸多歧义，内容深奥晦涩。这一先天性障碍，使得普罗大众对之望而生畏。

将《易经》来一番“诗歌化”，无疑是令这本经典变得通俗易懂的终南捷径。诗化就是通识化，普及化，读者不必在“解字”上耗时费力，从而把握《易经》的奥义，让领导者将它当成决策之学，使芸芸众生将其视为人生指南。

本人10年前开始研究《易经》，琢磨原文外，旁及众多注释本。从古至今，《易经》的研究著作汗牛充栋。穷毕生精力投入，成就卓著者，不计其数。西汉的京房、三国的王弼、唐代的孔颖达、宋代的朱熹、明代的来知德，清代的李光地，均是具历史地位的佼佼者。据我所知，目前为止尚未发现哪一位前贤致力于《易经》的诗化。于是，本人自不量力，6年前立下“诗化”的目标，从此，虽不敢说为之呕心沥血，却确实是夜以继日，有时为了突破思维瓶颈而彻夜不眠，并非刻意“标新立异”。

诗化不是取代原著，原著也绝不是任何译本、注释本可能代替的。此书不是学术研究文本，它的定位是“通俗普及读物”。如果它成为大家研读《易经》的臂助，里面的诗篇如果成为诠释其奥秘的“顺口溜”，我的10年辛苦便算得到回报，功德圆满。

诗化的实践，就是学习的过程。每一首诗都是我学习《易经》的心得体会，集合成书，与大家分享探赜索隐的心路，自觉是快事一桩。

以下是我的主要心得，主旨在强调《易经》在历史上的伟大作用和它在当今的时代意义。一千个读者有一千个哈姆雷特，千人读易读出千家体会。不妥之处，望学者专家们不吝赐教。

数千年前诞生的中国《易经》，含有哲理、指导行为、运用器具、卜筮预测等方面。《易经》的四个组成要素“象数义理”，是人类最早、最全面认识自然的方法论。象，指对直观图像的认识；数，指用数字来解释世界；义，指辨析事物的意义、含义；理，指逻辑推理。而中国人的思维方式，在早期主要是形象思维，象形文字就是雄辩的证明。而八卦的出现应该早于象形文字，“象”所指向的就是直观的“形象”。

《易经》所凝聚的中国智慧精华，归纳为两个方面，一是简单实用，二是灵活多变。《易经》，目前的英文翻译为：The book of changes。我认为不完全恰当，较完美的译法是：The book of changes and simplicity。《易经》的“易”，最重要的意义是“简易”，simplicity不能漏掉。《易传》有云：“乾以易知，坤以简能，易则易知，简则简从。”大道至简是中华文化精髓之一，《易经》的阴阳之道，八卦六爻，以及据之推衍出来的五行学说，都体现出“精简”的思维。

我认为，中国人的精简思维，首先源于象形文字。文字决定思维，中国人的文言文、骈文、成语和诗词，都是语言精简的成果。其次，源自幅员辽阔，人口众多。地大就要用简易的方式来管理，人多更要用简易方法管治。解决问题从简入手，“提纲挈领”是中国式智慧。再次，简易可以加快办事的速度。快速是中国人的行事特点。化繁为简，以简驭繁，是古代中国人理解宇宙、自然的方式。一阴一阳谓之道，天下万物无不被囊括于八卦（天、地、水、火，风、雷、山、泽）之中。世界物质就是五行（金、木、水、火、土）。人体有五脏六腑，感情是七情六欲，音乐是五音（宫、商、角、征、羽）……

简单之外，还有“变易”。“易”是动的哲学。从尘世到宇宙万物，无所不变，无时不变。穷则变，变则通，通则活，活则久。变是因时而变，因位而变，因势而变，因人而变，因天地而变。当然，易中藏有不易，变中藏有不变。变就是不变的，有天之道，人之德。人要坚守贞正。有一位现代易学家总结得好：《易经》是用简易的方法，看待变易的事物，发现不易的真理。

几千年以来，中华民族就是这样，靠自己的聪明才智和历史经验得以延续，繁荣世世代代。中国成为世界上唯一文化历史传承不曾中断的国家。这个全球的人口大国，在漫长的人类历史中，好几次成为世界第一强国。这个事实证明了我们的文化和智慧的生命力，而这文化和智慧的重要源头就是《易经》。直到今天，《易经》的智慧还可以运用在治国兴邦、企业管理、为人处事、科技创新、医学养生、修炼预测等方面。

说中国人历来无宗教信仰，并非如此。卜筮就是中国人古老的宗教信仰形式。即使单单着眼于实用，把《易经》这一哲学和智慧的宝典看成“算命书”（它在古代是一卜筮之书），视为心理指导之书也无不可。只要世间尚存未知之物，未知之数，神的存在就是必然的。《易经》中对“神”的解释并不是很明确，但可断定，它所说的“神”既不同于宗教信仰的神明，也不可和“鬼神”的“神”等量齐观。正因为中国人关于“神”的概念含糊而宽泛，所以有与之对称的玄学，占卜算命盛行不衰。《易传》中有云：君子居则观其象而玩其辞，动则观其变而玩其占。古人亦云：善易者不言卜。应不应该信神，应不应该占卜，是每个人的自由选择。本人的观点是：易，即使读不通，也可通过占卜求得安心；读通则更好，可以径直按事取卦，而不乞灵于占卜。《易经》流传逾千年，作为核心的义理和象数命理，相辅而相成。欲在义理方面掌握《易经》的精髓，就不能不弄懂象数命理；但又不能停留在“象数命理”上，若然，《易经》便降格为算命先生的秘籍。

《易经》也是中国人的一面镜子，它让我们洞察自己的长处和不足。不论中国人还是外国人，想弄清楚中国人的思维方式和行为准则，研究《易经》乃不二法门。《易经》所提供的观察和思维方式，大而化之，把握宏观于先，从面到点。西方是化简为繁，我们是化繁为简。西方人多是直线思维，一条道路走到底，中国人多是曲线或圆线思维，上善若水，弯道而行。西方人强调自由，服膺小人文化，利己主义盛行；中国人尊崇君子文化，心怀群体，放眼天下。有利必有弊，《易经》强调“变化”，使一些人成了“变色龙”，处事圆滑有余，容易放弃原则。《易经》引导人们追求简易快捷，这样做，探讨事物难以坚持细致、周密、务求水落石出的科学精神。虽然不能以现代眼光强求古人，但一些过时的主张已是糟粕，不必死抱不放，或以腐朽的观点去重建其合理性，如将女性同小人画等号，将人分尊卑贵贱，探索未知满足于表面，并以“察见渊鱼者不祥”作掩饰，做事只要“差强人意”，不求十全十美等。

很多人以为《论语》是唯一代表孔子儒家学说的经典，其实《易经》才是儒家以民为本、德治教化、中庸之道等核心理论的源头。孔子撰写的《易传》，将《易经》变成为儒家的道德教化之书，君子之书，它以“圣人”为人格标准构成了儒家思想的灵魂。从《易经》不难发现强调道德修养的卦辞：“地势坤，君子以厚德载物”“蒙，君子以果行首德”“否，君子以俭德避难”“蛊，君子以振民育德”。“中庸之道”被中国人推为最理想处事方式，它体现于上下卦中的最佳爻位。卦的六爻是初爻难知，二爻多誉，三爻多凶，四爻多惧，五爻多功，六爻易知。好的爻多在上下卦之中。二爻和五爻多是吉爻，初爻和上爻多是物极必反的不吉之爻。《易经》的卦辞，蕴藏着居中则吉、柔得中位、中正至和、行中之道等中庸之道的观点和观念。

《易经》不但是儒家之源，也是道家之源。以柔克刚的道家思想，我认为其源头是《周易》之前的《归藏易》。传说中的《归藏易》是以坤卦为首的。即以《周易》而论，它虽以阳刚的乾卦为首，但也非常尊崇坤卦。厚物载物的坤卦是易中公认的上上卦。柔得中位、以柔乘刚、以柔附刚、以柔克刚、柔刚结合的一系列意象深深影响了老子的思想。而道家含有朴素辩证法的阴阳学说，绝对是从《易经》发轫的。《道德经》的道德观念、以民为本的思想以及治国理念，也以《易经》为滥觞。道家的玄学成分《易经》的卜筮思想一脉相承，可见老子是将《易经》发扬光大的重要历史人物。

最后假如要对《易经》的意义和作用作一个总结，可以这样说：《易经》不只是古人的算命书，更是哲理书。它是中国人文化之源，智慧之源，它影响了无数代中国人的思维方式，《易经》通过直观和术数来分析事物，也与现代西方的思维方式吻合。它可以作为哲学之书、道德伦理之书、医理之书、预言之书、益智游戏之书、探讨数理之书……

2022年春日于美国加州